ENSEIGNEMENT

DE L'ARCHITECTURE

IMPRIMERIE L. TOINON ET Cᵉ, A SAINT-GERMAIN

ENSEIGNEMENT

DE

L'ARCHITECTURE

L'ÉCOLE IMPÉRIALE ET SPÉCIALE DES BEAUX-ARTS

SECTION D'ARCHITECTURE

L'ÉCOLE CENTRALE D'ARCHITECTURE

ET SES PARALLÈLES

AVEC SON MODÈLE CITÉ

L'ÉCOLE IMPÉRIALE CENTRALE DES ARTS ET MANUFACTURES

PAR

THÉODORE LACHÈZ, ARCHITECTE

MEMBRE DE LA SOCIÉTÉ IMPÉRIALE ET CENTRALE DES ARCHITECTES
ANCIEN INSPECTEUR DES TRAVAUX PUBLICS, ETC.
MEMBRE CORRESPONDANT DE LA SOCIÉTÉ IMPÉRIALE DES SCIENCES,
DES ARTS ET DE L'AGRICULTURE DE LILLE

PARIS
A. LÉVY FILS, LIBRAIRE-ÉDITEUR
RUE DE SEINE, 29

1868

AVANT-PROPOS

L'éducation des architectes, c'est-à-dire, le milieu le plus favorable à l'éclosion de leurs facultés natives; leur instruction technique; l'enseignement architectural proprement dit; et enfin les œuvres publiques et privées de l'architecture de notre temps, ont été, depuis quelques années surtout, le sujet de diverses critiques plus ou moins fondées et l'objet de diverses tentatives de réformes et de créations particulières. Nous ferons dans cette notice une étude portant principalement sur les détails, l'ensemble et le résultat final de ces spéculations qui ont eu pour point d'appui des erreurs indûment accréditées, et qui appellent des rectifications nécessaires.

Si un art repose toujours sur une science, l'art architectural, incontestablement, s'appuie, non sur une seule, mais sur toutes les sciences, car il est de son essence même de les mettre toutes à contribution; mais de ce que les sciences sont les appuis fondamentaux de l'architecture, s'ensuit-il qu'elles doivent tout dominer, tout diriger dans l'art architectural?... Faut-il que le soutien nécessaire devienne plus important que la chose soutenue? la base solide et résistante peut-elle constituer, à elle seule, la pyramide elle-même? Sous prétexte qu'il ne faut pas bâtir sur un sable mouvant, s'ensuit-il que tous les efforts de l'esprit doivent se concentrer sur l'art de consolider les sols, qu'ils aient besoin ou non de consolidation? — La science, suivant des avis très-judicieux, doit se *sentir*, mais se tenir délicatement *voilée* dans l'art architectural proprement dit.

Notre siècle est redevable à la science de ses plus admirables progrès; bien des utopies, grâce à elle, sont devenues des réalités; la science a fait progresser toutes les industries au profit du bien-être général. Mais dans quelles limites la science doit-elle être utile à l'art architectural? Ses prétentions à ce sujet se sont étalées naguère sur une échelle considérable, et sur une scène où, malgré l'étendue théâtrale, et de bruyants appels, le public ne s'est pas présenté aussi nombreux qu'on aurait pu le croire; le nombre des adeptes ne s'étant élevé qu'au dixième de celui sur lequel on comptait. — Y aurait-il eu là des promesses hasardées, ou bien la spéculation était-elle à la fois sérieuse et utile? Tous les juges compétents n'ont pas été à même d'être auditeurs et spectateurs, même à distance, du spectacle donné; la pièce théâtrale et sa conduite n'ont pas pu être sérieusement appréciées; mais si chacun n'a pu assister utilement à des représentations quelque peu bruyantes dont l'art et la science s'étaient jusqu'à ce jour dispensés; si tout le monde enfin ne s'est pas trouvé à même d'obéir à la séduction de plantureux prospectus; chacun, dans son loisir, peut lire la pièce, ou la feuilleter, et de ce simple examen plus ou moins superficiel, il est présumable que l'on tirera un enseignement utile à tous : c'est ce résultat désirable qui a été notre mobile dans les *Commentaires* qui font l'objet principal de cette notice.

ENSEIGNEMENT

DE

L'ARCHITECTURE

I

ENSEIGNEMENT DE L'ARCHITECTURE A L'ÉCOLE IMPÉRIALE ET SPÉCIALE DES BEAUX-ARTS

Alma parens!

Il nous paraît utile, avant d'en venir aux *Commentaires* qui sont l'objet important de cette notice et qui ont pour but la rectification de nombreuses erreurs émises avec bruit dans ces derniers temps ; il nous paraît utile, disons-nous, de rappeler en peu de mots quelle est l'organisation de l'enseignement architectural dans la capitale de la France, organisation d'ailleurs indépendante de tout ce qui est institué, avec un si judicieux esprit d'encouragement, dans plusieurs villes départementales, telles que : Bordeaux, Douai, Lille, Lyon, Marseille, Nantes, Valenciennes, etc. Ne se bornant pas à ce qu'elles font chez elles, dans l'intérêt de l'art architectural et des jeunes gens qui s'y consacrent, ces villes envoient à leurs frais leurs meilleurs élèves compléter leurs études à l'*École de Paris;* quelques municipalités ont même institué les fondations nécessaires pour entretenir à l'*École de Rome et de la Grèce* les lauréats de leurs concours particuliers.

Ces quelques détails que nous donnons ici tout d'abord sur l'enseignement public et officiel de l'architecture, sont trop peu connus peut-être. Bien des gens en effet semblent ignorer que l'État dispense cet enseignement spécial avec une très-grande libéralité, et naturellement avec l'aide des sommités reconnues de l'art en France, pour maîtres privés et officiels; ainsi qu'avec le concours si louable de l'intelligente générosité des fondateurs de prix annuels et perpétuels ; ces précieuses fondations sont destinées à encourager et à soutenir les jeunes capacités les mieux douées qui embrassent la carrière si difficile de l'architecture.

Sous le titre général d'étudiants, on désigne habituellement tous les jeunes élèves qui se livrent à des études préalables dans le but d'acquérir une profession dont la pratique doit toujours être précédée de travaux plus ou moins théoriques et préparatoires, généralement indispensables à une bonne réussite ultérieure.

A des intelligences spéciales sont réservées : l'École polytechnique d'abord, dont les sujets les plus distingués deviennent les recrues des corporations d'ingénieurs de l'État, marine, mines, ponts et chaussées, génie militaire, etc., carrières qui étaient naguère du domaine général de l'architecture et n'en font plus partie aujourd'hui que l'art architectural est devenu l'art essentiellement esthétique; — puis l'École centrale des arts et manufactures formant des ingénieurs civils qui concourent au perfectionnement de toutes les branches des arts mécaniques et de tous les produits industriels, abandonnés, naguère aussi, à tous les hasards de recherches incertaines, recherches qui manquaient trop souvent du flambeau si utile des sciences théoriques, aujourd'hui si prodigieusement développées.

Les étudiants qui se sentent du goût et une aptitude particulière pour les sciences à la fois physiques et mathématiques, en même temps que pour *les arts du dessin*, dirigent leurs vues vers la carrière de l'architecture; et s'ils veulent acquérir la véritable profession d'architecte et y devenir maîtres, autant que possible, ils suivent généralement la voie d'enseignement qui leur est ouverte, et dont l'existence remonte à *deux siècles* : cette voie est d'autant plus caractéristique qu'on a séparé aujourd'hui, nous le répétons, de l'art architectural proprement dit, tous les arts spéciaux qui relèvent principalement des sciences exactes; arts spéciaux qui sont devenus, avons-nous dit, l'objet des professions nouvelles d'ingénieurs divers, professions où l'art libéral, l'art qui relève de l'esthétique, ne saurait être fructueusement cultivé que par exception notablement rare.

Il faut le reconnaître, il n'est pas de profession qui demande, pour être acquise et pratiquée convenablement, plus de travail que celle de l'architecture, travail à la fois de raisonnement, de sentiment, de main et de pratique. La profession des ingénieurs spéciaux, au contraire, demande principalement les moyens d'acquisition au travail et aux déductions de l'esprit, aux pures abstractions; la main ne sert alors qu'à traduire les formules abstractives; la main de l'architecte, au contraire, cherche principalement à exprimer par des formes, le goût et le sentiment qui ne se formulent pas.

L'*École impériale et spéciale des beaux-arts*, fondée par Colbert, alors sous le titre d'*Académie*, pour l'enseignement de la peinture et de la sculpture en 1648, et pour l'enseignement de l'architecture en 1671, l'École des beaux-arts qui représente ces deux académies réunies est encore divisée en deux sections dont l'une est consacrée à l'enseignement de l'architecture; l'autre section étant réservée à l'étude de la peinture et de la sculpture, ces deux grands arts du dessin, auxiliaires naturels de l'art architectural.

C'est donc à cette section spéciale de l'architecture que s'adressent les étudiants qui aspirent à devenir élèves architectes, en faisant de véritables études architecturales, avant de pouvoir légitimement se dire architectes.

Comme on le voit, l'institution est ancienne; mais elle a reçu dans ces dernières années une grande partie des améliorations qu'elle comportait, et qui se compléteront indubitablement avec l'expérience, ce grand maître en toutes choses [1].

La première formalité à remplir pour embrasser officiellement cette carrière libérale, c'est de venir se soumettre à des examens préalables qui confèrent à l'étudiant le titre d'élève architecte de l'École des beaux-arts;

1. Voir le nouveau règlement de l'École impériale et spéciale des beaux-arts, publié dans le *Moniteur des architectes*, janvier, février, mars et avril 1868. Se trouve en *extrait* chez A. Lévy, éditeur, 29, rue de Seine.

c'est par là qu'ont passé les dix-neuf vingtièmes des véritables architectes[1].

Ces examens portent sur cinq épreuves : 1° une composition architecturale (esquisse); 2° un dessin d'ornement d'après l'antique; 3° les mathématiques; 4° la géométrie ; 5° l'histoire générale.

Les épreuves orales pour les mathématiques, la géométrie descriptive et l'histoire, n'ont lieu, on le conçoit bien, qu'autant que les aspirants ont pu satisfaire aux deux premières épreuves.

Ces examens d'admission se font deux fois dans l'année, en avril et octobre. Il est reçu, à chaque session d'examens, de vingt-cinq à trente élèves, ce qui maintient la seconde classe d'architecture à un nombre d'environ trois cents élèves inscrits, et qui, tout en suivant leurs autres occupations pratiques, fréquentent plus ou moins assidûment l'École.

On est préparé aux examens soit par des cours publics qui se font dans de nombreux établissements libéralement ouverts à tous. Néanmoins, l'École des beaux-arts enseigne aussi la plupart des sujets faisant l'objet des examens préalables ; l'École prépare les aspirants-élèves au moyen de chaires spéciales, autour desquelles chacun peut se faire admettre gratuitement, soit comme élève déjà reçu, soit comme simple auditeur se préparant ou non à devenir élève de deuxième classe.

1. Le nouveau règlement détermine les limites extrêmes de l'âge d'admission et de retraite, quinze et vingt-cinq ans. La limite de trente ans est généralement regrettée ; on a l'espoir de voir rétablir cette ancienne limite qui n'offrait aucun inconvénient sérieux. Néanmoins les cours de l'École des beaux-arts étant toujours publics, on peut les suivre utilement à tout âge.

Le dessin architectural, la composition et l'ornement s'y enseignent également dans plusieurs ateliers gratuitement munis de tous les livres et objets nécessaires aux études, et dirigés par des maîtres auxquels il suffit de se présenter pour être admis, en justifiant toutefois d'une certaine aptitude indispensable et d'un certain acquis. On est également admis gratuitement dans ces ateliers à titre d'élève reçu ou non reçu, c'est-à-dire d'*aspirant* à être reçu en deuxième classe[1].

Ainsi se trouvent multipliés et complétés tous les moyens privés, payants ou gratuits, nécessaires pour apprendre l'art architectural; et ce n'est guère qu'en prenant cette voie, toujours accompagnée de la pratique, dans laquelle on passe pour ainsi dire son existence, comme dans un milieu ambiant nécessaire; ce n'est guère qu'ainsi qu'il est possible de devenir utilement et véritablement architecte. Tout ce qu'on peut acquérir de pure théorie dans les écoles de haute science, ne peut être considéré que comme objets très-utiles à connaître, mais qui devient un bagage parfois plus nuisible qu'utile au développement normal de l'artiste architecte.

Le simple étudiant ayant titre d'*aspirant*, et qui a pu utilement subir les cinq épreuves, suivies d'un seul classement, est donc admis à l'École spéciale des beaux-arts

1. Cette grande facilité d'admission aux études vient d'être mise en pratique pour une partie importante des sciences, la *Chimie*, par les savants professeurs du Muséum d'histoire naturelle, MM. Chevreul et Frémy, qui ont ouvert bénévolement et gratuitement leurs laboratoires à tous les jeunes gens qui se destinent à l'étude de cette science : il suffit de prouver que l'on possède les connaissances nécessaires pour être admis à faire des études sérieuses sous l'œil et la direction d'illustres savants qui ont si noblement compris leur mission dans la science, et qui ne sont mus par aucun autre intérêt que celui du progrès général et utile pour tous!

en qualité d'élève architecte de deuxième classe; il entre alors officiellement dans la première catégorie des études spéciales. S'il a manqué l'une des épreuves, il est remis au semestre suivant, ce qui n'empêche pas la continuation de ses études diverses qui peuvent toujours être menées de front avec des occupations à la fois lucratives, expérimentales et instructives. Les cinq épreuves primordiales recommencent donc jusqu'à ce qu'on y ait satisfait complétement.

On conçoit qu'un jeune bachelier ès lettres ou ès sciences peut être admis d'emblée dès qu'il se présente à l'École des beaux-arts, s'il a eu soin de fréquenter, en faisant ses autres études, — ce qui est très-praticable, — un atelier d'architecture et de dessin, public ou privé.

On conçoit encore que l'étudiant moins instruit, moins bien préparé, qui n'a pas réussi en mathématiques, géométrie, etc., peut néanmoins devenir bon comptable, excellent dessinateur, décorateur, ou graveur spécial, et qu'il trouvera facilement à se caser comme tel, en utilisant ses aptitudes particulières, et tout ce qu'il aura pu acquérir à l'École des beaux-arts, en qualité d'élève libre, pouvant suivre tous les cours à son choix.

De toutes ces dispositions il résulte évidemment que l'École des beaux-arts, dans son importante section consacrée à l'enseignement de l'architecture et de tout ce qui s'y rapporte utilement, se compose d'un personnel d'auditeurs libres fréquentant les ateliers particuliers de leur choix, gratuits ou payants; d'auditeurs aspirant au titre d'élèves; puis d'élèves reçus en deuxième classe, titre actuellement diplômé; et enfin d'élèves reçus en première classe, auxquels on délivre, après une série d'épreuves sérieuses, un Diplôme d'Architecte. Tout ce personnel d'élèves et d'auditeurs atteint et se maintient communément au chiffre de six à sept cents, parmi lesquels se recrutent une grande partie des spécialités qui se consacrent aux nombreux détails de l'art de bâtir appliqué à l'architecture, et à quelques professeurs qui en relèvent ou s'y rattachent, la gravure, le décor, etc.

La partie technique de l'art architectural, — bien qu'on ne la baptise pas de « *pompe* et de *plénitude*, » suivant une expression quelque peu ambitieuse que nous retrouverons dans un des derniers chapitres de cette notice, chapitre consacré à l'École dite : École centrale d'architecture, — elle n'a ni pompe ni plénitude, parce qu'elle laisse sans doute, comme tout ce que l'on fait ici-bas, quelque chose à désirer; — la partie technique de l'art s'enseigne à l'École des beaux-arts en deux cent quatorze leçons annuellement répétées, et réparties de la manière suivante : il s'y donne actuellement tous les ans quarante leçons de mathématiques, M. Caquet, professeur; quarante leçons de géologie, physique et chimie, M. Pasteur, professeur; quarante leçons de géométrie descriptive, M. Ossian Bonnet, professeur; trente leçons de perspective, M. Chevillard, professeur; quarante leçons de construction, stabilité, résistance des matériaux, etc., M. Baude, professeur; douze leçons d'histoire et d'archéologie, M. Heuzey, professeur; et douze leçons d'histoire de l'art, M. Taine, professeur. En outre, deux cours libres, l'un de législation des bâtiments, l'autre d'esthétique appliquée, sont égalcment professés à l'École.

Tous ces cours, à l'exception de ceux d'histoire et d'archéologie, de physique et chimie, et d'esthétique, sont suivis d'examens et de concours pour les élèves architectes de seconde classe d'architecture. Ils peuvent être accompagnés d'autres cours libres faits à l'École même; et ils sont naturellement doublés de tous les cours spéciaux, publics et gratuits, ou payants, qui se font de tous côtés dans Paris.

Bien que la partie technique de l'enseignement architectural laisse encore à désirer, on peut voir le pas immense que cette partie de l'enseignement a fait en deux siècles, ainsi que la partie de l'art proprement dit. Il y a loin, en effet, des *deux* seules leçons *par semaine* qui étaient ordonnées et faites à l'origine de l'Académie d'architecture et dont « la première heure était consacrée, » nous dit Blondel, « aux règles les plus justes et les plus » correctes de l'architecture, et la seconde heure à l'en» seignement des autres sciences absolument nécessaires » aux architectes, tels que la géométrie, l'arithmétique, » la mécanique, les hydrauliques, la gnomonique, l'archi» tecture militaire, la perspective, la coupe des pierres » et diverses autres parties des mathématiques. »

A cette époque, il n'y avait pas d'ingénieur, d'aucune espèce; le professeur académicien Blondel était à la fois architecte, ingénieur et de plus *maréchal de camp des armées du Roy*. Aujourd'hui l'immense développement des connaissances humaines a nécessité la création des *spécialités* en tout genre, et de nombreuses variétés de spécialités.

Si l'enseignement technique de l'architecture à l'École des beaux-arts n'est pas tout à fait à la hauteur des progrès accomplis de la science moderne, il reste bien peu de chose à faire pour le mettre à la mesure convenable à l'art architectural, et l'on doit être porté à croire que les perfectionnements, comme *mesure* surtout, ne tarderont pas à être mis en pratique sérieuse.

Admis en deuxième classe, l'élève architecte, pour s'y maintenir et pouvoir en sortir convenablement titré, est tenu de produire douze compositions d'architecture, étudiées sur programmes, et dont six *rendus*, c'est-à-dire présentés avec détails conformes aux données des programmes, et six autres à l'état d'*esquisses*, c'est-à-dire présentant d'une façon pittoresque et capable de faire sentir et apprécier tout ce que pourra tenir la composition offerte. Les *rendus* et les *esquisses* alternent et sont jugés simultanément à la fin du temps déterminé pour leur exécution. Les travaux des élèves qui ont pris part aux concours, sont remis le dernier samedi de chaque mois, et ils sont exposés le mardi suivant, après jugement, dans les salles d'expositions publiques de l'École des beaux-arts, où tout le monde est admis à suivre sans cesse le développement et la marche des études.

Comme il s'agit de développer des aptitudes, et non pas de les créer, — ce qu'il ne faut pas perdre de vue, — l'élève n'est pas tenu d'accepter tous les programmes et tous les concours, personne ne spécule sur son éducation; il prend son temps, consulte ses forces, ses ressources pécuniaires; suit les avis de ses maîtres; il est donc entièrement libre, et il ne travaille qu'à sa convenance, selon son inspiration personnelle et le temps dont il peut d'ailleurs disposer. Aussi reste-t-il dans chaque classe un temps indéterminé; il a devant lui tout le temps qui le sépare de ses vingt-cinq ans accomplis, et il est le seul juge du meilleur emploi qu'il doit faire de ce temps.

Il peut se dire élève de l'École des beaux-arts, de deuxième ou de première classe, jusqu'à l'époque où cesse pour lui le droit de concourir pour le grand prix de Rome. Mais on peut néanmoins, nous le répétons, fréquenter tous les cours, quel que soit l'âge auquel on soit parvenu. On peut, à tout âge, apprendre ce qu'on ne sait pas : la vie entière n'est-elle pas une étude continuelle, pour l'architecte surtout?

Indépendamment des projets mensuels d'architecture, l'élève architecte de deuxième classe doit satisfaire à plusieurs épreuves sur les cours qui viennent d'être énumérés ci-dessus, et qu'il a dû suivre. Il est tenu, en outre, de faire, dans la période de temps qu'il consacre de lui-même aux études de deuxième classe, six dessins d'après les modèles en relief de son choix, modèles qu'il trouve exposés dans les galeries des collections où il s'installe commodément et à sa convenance, comme dans les musées publics, et sans demander l'heure et la convenance d'un conservateur de portefeuille et de collections.

Les concours mensuels d'architecture auxquels on a pris part, et les dessins d'après modèles, donnent lieu à des mentions seulement; il faut donc que les dessins et les projets de l'élève soient achevés, présentables et dignes d'être *mentionnés*, sans quoi ils restent comme études sans valeur suffisante et conséquemment comme non avenus. Les autres concours, mathématiques, géométrie, construction, donnent lieu aussi à des mentions, mais en outre à des récompenses sous forme de médailles, dites : troisièmes médailles.

Toutes ces nominations, *mentions* ou *médailles*, se comptent en fin d'année. — Pour le passage de la deuxième classe en première classe, il faut avoir obtenu au moins douze nominations, c'est-à-dire douze mentions ou médailles ; ce nombre est nécessaire pour franchir le pas qui mène au degré supérieur de l'enseignement architectural.

On voit qu'il y a une différence radicale entre le numérotage de tous les élèves, système adopté dans les grandes écoles scientifiques, et ce qui se passe à l'École des beaux-arts, pour ce qui concerne l'art architectural. Les aptitudes, les genres, les goûts, sont si différents, que, bien que pesés dans une même balance, ils ne sont pour ainsi dire pas comparés. Le résultat des études est bon ou mauvais : tout ce qui est bon est déclaré tel, et fait l'objet des mentions et des médailles : ce sont là les principaux moyens de constatation des mérites divers, acquis et développés.

Les programmes se rédigent par les soins de commissions adjointes au secrétariat général de l'École des beaux-arts, secrétariat dont les fonctions sont remplies par l'un des membres d'une famille qui a rendu et qui rend encore tant de services aux beaux-arts[1] ; et les concours se jugent par des jurys diversement composés et dont les membres se prennent, par la voie du sort, dans une liste de quarante notabilités de l'art architectural, liste qui varie et se renouvelle chaque année : cette organisation, si elle n'est pas absolument parfaite, est au moins perfectible ; elle laisse le champ libre à toutes les améliorations indiquées ou désirables.

1. M. Albert Lenoir, architecte, peintre et archéologue distingué, fils d'Alexandre Lenoir, fondateur du musée des Petits-Augustins, transformé en École spéciale des beaux-arts.

L'émulation, comme on le voit, est développée et entretenue au moyen des mentions et des médailles : en outre, l'élève de seconde classe qui a obtenu le plus de succès dans le courant de chaque année, reçoit le prix fondé par M. MULLER-SŒHNÉE, qui consiste en une somme de 534 fr., produit d'un capital généreusement consacré à cette utile fondation.

Jusqu'ici l'élève architecte a dû être suffisamment instruit, et assez habile pour être officiellement admis à l'École; il aura ensuite fait ses douze projets réussis d'architecture, esquisses et rendus; ses épures de théorie et d'applications diverses; ses six dessins également réussis de galeries; et lorsqu'il aura enfin obtenu les douze nominations réglementaires, on peut être certain qu'il y a en lui l'étoffe nécessaire pour faire un véritable architecte. Il passe alors, après un temps plus ou moins long, suivant ses capacités et les circonstances dans lesquelles il s'est trouvé, il passe, disons-nous, en première classe.

Il faut en convenir, les mentions et les médailles de deuxième classe sont déjà, pour l'élève architecte, de véritables titres de capacité reconnue, et qui lui permettent d'exercer, dans une certaine mesure, la profession d'architecte, si l'occasion et les nécessités d'existence et de famille s'en font sentir. Que de villes et de communes en France seraient aises d'avoir pour architecte un élève de deuxième classe de l'École des beaux-arts, admissible en première classe, au lieu de certains industriels se disant architectes, et dont il faut parfois se contenter, faute de mieux ! L'étude continuelle et l'expérience aidant, l'élève qui a complété sa deuxième classe peut devenir un fonctionnaire utile, sinon un artiste remarquable, ce qui n'est certes pas impossible : aussi les quatre cinquièmes des élèves quittent-ils l'École à cette époque de leurs études pour s'initier à la pratique de leur profession et dans la mesure de leurs capacités.

Mais la perspective d'un Diplôme d'Architecte fera incontestablement persévérer bien des jeunes gens dans leurs efforts ; ils les continueront maintenant dans la première classe d'architecture, qui leur offre enfin une constatation de capacité depuis si longtemps réclamée, le Diplôme, qui a fait jusqu'à ce jour le but incessant de toutes les démarches de la Société impériale et centrale des architectes, depuis sa fondation qui remonte à plus de vingt-cinq ans.

Une fois admis en première classe, l'élève architecte de l'École des beaux-arts n'est plus tenu qu'à concourir sur des programmes d'architecture, rendus sur esquisses; il concourt également dans cette classe à son temps et à sa convenance.

Le but principal de la première classe d'architecture, c'est un encouragement donné aux études prolongées, si nécessaires aux intérêts publics et de l'art en général; études en même temps si coûteuses pour la plupart de ceux qui se consacrent à la profession libérale de l'architecture ; profession que trop de personnes confondent avec un état ou un métier, ou même avec la profession d'ingénieur. Aujourd'hui, même en dehors d'un Diplôme dont la mesure ne peut être rétroactive, la confusion ne devrait pas être possible : lorsqu'on est architecte on n'est pas ingénieur, parce qu'on n'est peut-être pas assez complétement savant; on n'est pas industriel, parce qu'on n'a pas le même but, et qu'on ne possède pas les qualités essentielles du négociant et du commerçant. Dès que l'architecte devient spéculateur, il se classe de lui-même dans la catégorie des entrepreneurs ; s'il conserve un titre d'architecte, ou s'il s'en affuble, il donne lieu alors à une confusion regrettable, et dont il n'a souvent pas conscience, ce qui peut être pour lui une excuse, une circonstance atténuante, mais qui ne l'innocente pas aux yeux des véritables artistes. Dans l'avenir enfin, l'abus et la confusion ne seront plus possibles.

L'élève de première classe est donc soutenu et encouragé dans ses études par un plus grand nombre de récompenses ; ses divers travaux donnent lieu à des mentions spéciales et à l'obtention de deuxièmes et de premières médailles; en outre, un concours de composition d'ornement et d'ajustement (fondé en 1857 par M. Rougevin, en mémoire de son fils), a lieu pour l'obtention de deux prix, le premier de 600 fr., le deuxième de 400 fr.; et enfin l'élève de première classe qui a obtenu le plus de succès dans la période de temps qu'il y a consacré, succès dont le nombre minimum est de 25 nominations, obtient, à la fin de chaque année, la grande médaille d'émulation, accompagnée d'un diplôme et d'une somme de mille francs, provenant de la dotation Abel Blouet, lauréat du grand prix en 1821 et professeur, de son vivant, à l'École des beaux-arts[1].

On conçoit que les élèves architectes de l'École des beaux-arts qui ont participé de leur main et de leur intelligence à ces nombreux exercices, et sont parvenus à

1 Le prix Abel Blouet se donne aujourd'hui par l'Institut sur un programme spécial, en dehors de l'École des beaux-arts; chacun peut y prendre part.

la fin des études que comporte la première classe, peuvent présenter des garanties sérieuses d'aptitude à la profession d'architecte, garanties qui valent sans doute un peu plus que celles qui sont offertes lorsque l'on n'est élève d'aucune École spéciale et compétente, d'aucun atelier d'architecture et de quelque titre dont on puisse se parer et s'affubler.

Par suite du nouveau règlement de l'École, règlement mis en vigueur à partir de 1868, un premier Diplôme est donc actuellement attaché à l'obtention du simple titre d'élève architecte; et un Diplôme final est délivré, dans de bonnes conditions, à l'élève architecte qui a complétement satisfait à toutes les conditions du règlement, et à toutes les exigences des programmes.

Mais là ne se borne pas le développement intégral des études de l'architecture à l'École spéciale des beaux-arts. Pour apporter à cet art si difficile de l'architecture, sinon tout le perfectionnement désirable, du moins tout ce qui est actuellement possible, et faire profiter les aptitudes d'élite des facultés innées qu'elles possèdent, quel qu'ait été leur mode de développement; pour atteindre ce but, les études se prolongent pendant quatre années, à Rome, en Grèce, et en divers autres lieux, aux frais de l'État, qui envoie ainsi tous les ans le lauréat, c'est-à-dire le concurrent qui a le mieux réussi dans un concours spécial.

Élève ou non élève de l'École des beaux-arts, diplômé ou non diplômé, et sans distinction de classe, chacun peut prendre part à ce concours, avec la seule qualité nécessaire et requise de *Français*, âgé de moins de 25 ans.

Des architectes lauréats se trouvent ainsi continuellement entretenus et soutenus dans leurs efforts pour tenir la France à la hauteur qu'elle a su atteindre dans les beaux-arts.

Le concours de Rome est donc ouvert à tout venant par une première épreuve : les moins forts sont éliminés, et une seconde épreuve a lieu entre ceux qui restent, parmi lesquels se fait alors un classement général, et les dix plus forts sont admis *en loge*, soigneusement cloîtrés ; ils y font une esquisse sur un programme donné, en quatre jours, et ils *rendent* ensuite leur projet, seuls et enfermés, durant l'espace de trois mois. C'est le vainqueur de ce concours suprême et laborieux qui est le lauréat du grand prix d'architecture envoyé à Rome. Le second grand prix obtient la récompense de mille francs provenant de la fondation *Achille* LECLERE, architecte lauréat de 1808[1]; enfin ceux qui approchent du but sont plus ou moins indemnisés pécuniairement de leurs peines par l'État, et les autres conservent avec ceux-ci le droit incontestable de se dire les sérieux émules du grand prix[2].

1. Depuis quelques années la fondation Achille Leclere n'encourage plus l'étude de l'art architectural de la même manière. Les membres de l'Institut, avant le décret de 1863, étaient les seuls juges du concours, et la fondation Leclere s'étant faite sous l'empire de ce régime, on a cru devoir conserver aux architectes académiciens le droit d'accorder le prix Achille Leclere, et pour qu'il n'ait aucun rapport avec ce qui se passe à l'École des beaux-arts, l'Institut donne un programme, admet tous les concurrents sans distinction d'âge, juge le concours et donne le prix à qui bon lui semble. L'intérêt de l'art est donc toujours sauvegardé, aussi bien que la dignité de messieurs les membres de l'Institut.

2. Nous donnons ci-après la liste des premiers et seconds grands prix d'architecture, en la faisant remonter jusqu'à l'époque de la fondation de l'Institut de France, vers la fin du siècle dernier.

2

Tous les dessins, objets du concours du grand prix, sont précieusement conservés dans les archives de l'École, où ils peuvent être utilement consultés pour les études des élèves de l'École des beaux-arts.

Il en est de même de tous les projets et dessins qui ont été mentionnés et médaillés, dans les deux classes d'architecture; ils sont également conservés à l'École, et constituent, avec la collection des grands prix, une richesse très-précieuse pour notre établissement national, et tous ceux qui le fréquentent.

LISTE DES 1ers ET 2mes GRANDS PRIX D'ARCHITECTURE

MENTIONS ET ACCESSITS

DE L'ÉCOLE IMPÉRIALE ET SPÉCIALE DES BEAUX-ARTS

Depuis l'origine de l'Institut de France[1]

ANNÉES	SUJET DU CONCOURS	LAURÉATS 1er Prix	2e Prix	Mentions honorables
1797	Greniers publics....	* DUBRET........ * COUSIN.........	* LABARRE. * HEURTAUT.	
1798	Bourse maritime....	* CLÉMENCE......	* POMPON.	
1799	Élysée ou cimetière dans 500 mètres...	* GANE.......... * GRANDJEAN.....	* GUIGNET.	
1800	Institut des sciences et des arts........	* VALLOR........ * MÉNAGER.......	* DEDEBAN. * ROHAULT.	
1801	Forum...........	* FAMIN.........	* DEDEBAN.	
1802	Foire et salle d'exposition...........	* ROHAULT......	* BURY.	
1803	Port maritime......	* FAGOT.........	* CHATILLON.	
1804	Palais de souverain.	* LESUEUR	* CHATILLON.	
1805	Six maisons pour six familles......... .	* GUÉNEPIN	* HUYOT.	
1806	Palais de la Légion d'honneur.........	* DEDEBAN......	* PROVOST * LEBAS } *ex æquo.*	
1807	Palais pour l'éducation des princes....	* HUYOT........	* A. LECLÈRE ...	* GIROUST.

1. Les noms des architectes défunts sont marqués d'un astérique.

Années	Sujet du concours	Lauréats 1er Prix	2e Prix	Mentions honorables
1808	Bains publics pour Paris	* A. Leclere	* J. Jolly.	
1809	Cathédrale	* Chatillon	* Grillon.	
1810	Bourse pour une ville maritime	* Gauthier	* Vauchelet	* Lacornée.
1811	Palais pour l'Université	* Provost	* Renié.	
1812	Maison hospitalière.	* Suys	* Baron	* Poisson.
1813	Hôtel de ville	* Caristie	* Fédel. * Laudon.	
1814	Bibliothèque, musée.	* Laudon * Destouches	* Visconti	* Vauchelet.
1815	Ecole polytechnique.	* Dedreux	* Vincent.	
1816	Palais de l'Institut	Van Dleemputte.	Lesueur.	
1817	Conservatoire de musique	* Garnaud	* A. Blouet.	
1818	Promenade publique.	....	* Collet	Desplan.
1819	Cimetière	* Collet Lesueur	* Villain.	
1820	Ecole de médecine.	* Villain	* Quantinet. E. Gilbert.	
1821	Palais de Justice	* A. Blouet	H. Labrouste.	
1822	Salle d'opéra	E. Gilbert	* Fontaine * J. Boucher	L. Vaudoyer.
1823	Hôtel des douanes	Duban	Grisars. * Gisors.	
1824	Cour de cassation	Th. Labrouste.	Lepreux. L. Vaudoyer.	
1825	Hôtel de ville	Duc	* Friès	Dommey.
1826	Palais de l'Académie de France à Rome.	L. Vaudoyer	* Delannoy	Dommey.
1827	Muséum d'histoire naturelle	H. Labrouste	Cendrier.	
1828	Bibliothèque publique	* Delannoy	* Bourguignon	* Abric.
1829	Lazareth	C. Dufeux	* Garrez.	
1830	Maison de plaisance d'un prince	* Garrez	Al. Girard.	
1831	Etablissement d'eaux thermales	* Pr. Morey	* Leveil.	
1832	Musée	* Leveil	Nolau.	
1833	Ecole militaire	Baltard	Lefuel	Chargrasse.

ANNÉES	SUJET DU CONCOURS	LAURÉATS 1er Prix	2e Prix	Mentions honorables
1834	Athénée	LEQUEUX	* THUMELOUP	FINIELS.
1835	Ecole de médecine	* FAMIN	* PACCARD. GUÉNEPIN.	
1836	Palais d'exposition d'art et d'industrie.	* BOULANGER. CLERGET	GODEBŒUF.	
1837	Panthéon	GUÉNEPIN	HÉNARD. * DURU.	
1838	Eglise cathédrale	UCHARD	MAGNE.	
1839	Hôtel de ville	LEFUEL	PÉRON.	
1840	Palais de la Chambre des pairs	BALLU	* TITEUX.	
1841	Palais d'ambassade à l'étranger	* PACCARD	* TÉTAZ.	
1842	Palais des archives.	* TITEUX	* DESBUISSON * LOBELIN	DELAAGE.
1843	Palais de l'Institut	* TÉTAZ	* DUPONT. ANDRÉ.	
1844	Palais de l'Académie de Paris	* DESBUISSON	* LEDRU * LAINÉ	DEMAUGEAT.
1845	Cathédrale	THOMAS	TRÉMAUX. LAINÉ.	
1846	Muséum d'histoire naturelle	NORMAND	MONGE. PONTHIEU.	
1847	Palais de la Chambre des députés	ANDRÉ	CLAUDEL.	
1848	Conservatoire des arts et métiers	GARNIER	HUE	LEBOUTEUX.
1849	Ecole des beaux-arts.	LEBOUTEUX	DAVIOUD	GINAIN.
1850	Grande place publique	LOUVET	VILLAIN.	
1851	Hospice sur les Alpes.	ANCELET	TRIQUET	CHAPELAIN.
1852	Gymnase	GINAIN	DOUILLARD (aîné). DOUILLARD (jeune).	
1853	Musée pour une capitale	DIET	COQUART	DAUNET.
1854	Sépulture de souverains	BONNET VAUDREMER	BOITTE.	
1855	Conservatoire de musique	DAUMET	GUILLAUME. HEIM.	
1856	Palais d'ambassadeur à Constantinople	GUILLAUME	MOYAUX.	
1857	Faculté de médecine.	HEIM	ER. MOREAU.	

ANNÉES	SUJET DU CONCOURS	LAURÉATS 1er Prix	2e Prix	Mentions honorables
1858	Invalides de la marine	COQUART	AL. THIERRY ...	TRAIN.
1859	Palais de cour de cassation...........	BOITTE .... THIERRY.........	PASCAL.	
1860	Résidence impériale à Nice...........	JOYAU...........	PAUL BERNARD. GUADET.	
1861	Établissem. de bains d'eaux thermales. .	MOYAUX.........	FLON. CHABROL.	
1862	Palais du souverain d'Algérie.........	CHABROL.	BRUNE. DUTERT.	
			ACCESSITS	
1863	Escalier principal d'un palais de souverain...........	BRUNE..........	NOGUET.........	RIGAULT.
1864	Un hospice dans les Alpes............	GUADET.......... DUTERT..	PASCAL.	
1865	Une hôtellerie pour voyageurs.........	NOGUET.......... GERBART...	ANDRÉ.....	BATIGNY.
1866	Hôtel pour un riche banquier	PASCAL..........	BATIGNY........	BENARD.
1867	Palais de l'Exposition des beaux-arts.....	BENARD.........	MAYEUX	ROBIN.

L'enseignement général de l'architecture ainsi reconnu et sommairement établi, passons à une étude sérieuse de ce qu'on a voulu y substituer. Remontons à l'origine d'une École particulière qui s'est fondée sous le nom d'*École centrale d'architecture;* suivons ses développements et voyons quelles ont été ses prétentions en présence de tout ce qui existe.

II

BROCHURES PRÉPARATOIRES ET COLLECTE DES FONDS D'UNE ENTREPRISE A RESPONSABILITÉ LIMITÉE ABSTENTION DES ARCHITECTES

Un éminent ingénieur civil, diplômé de l'École centrale des arts et manufactures, en 1840; architecte du Louvre en 1848 sous le ministère du docteur Trélat, son père; et depuis nombre d'années professeur de *constructions civiles* au Conservatoire des arts et métiers; M. Émile Trélat avait conçu l'idée d'une *École libre des beaux-arts*, à la suite du décret du 13 novembre 1863 qui a modifié l'enseignement public de l'École impériale et spéciale des beaux-arts.

L'École libre des beaux-arts du savant professeur de constructions civiles s'est bientôt transformée, dans son esprit, en une simple *École libre d'architecture*. Mais comme le côté *libre* d'une école privée, même dans un simple titre, peut n'être pas séduisant à première vue, la fondation projetée n'a pas tardé à devenir une sorte de *poncis* calqué trop à la légère, — nous le verrons au dernier chapitre de cette notice, — sur l'École qui s'était créée trente-cinq ans auparavant, à l'état d'École libre de l'*industrie* générale, mais avec un tout autre nom. Finalement, on a pu voir la nouvelle École surgir en 1865, en face de l'École impériale et spéciale des beaux-arts, comme celle de l'industrie libre avait surgi en face de l'École polytechnique : la première en date, celle qui a servi au décalque du créateur de la nouvelle École, avait pleinement réussi, sans nuire à aucune autre institution, sous le nom d'*École centrale*, que l'on savait consacrée aux arts et à l'industrie ; le succès de l'une pouvait, jusqu'à un certain point, faire présumer la réussite de l'autre, à la fois comme spéculation et comme résultat scientifique et artistique.

Une dizaine de maîtres, d'architectes distingués, parmi lesquels M. Trélat citait nominalement MM. H. Labrouste, Duban, L. Vaudoyer, Danjoy, Nicolle, Viollet-le-Duc, César Daly, etc., avaient lutté contre les tendances, les principes exclusifs de l'enseignement officiel qu'on appelait académique ; et c'est sur ce terrain indiqué, mais non suffisamment préparé pour des réformes et des améliorations désirables, qu'il s'agissait de jeter des bases pour asseoir et réaliser l'idée de la fondation d'une École particulière d'architecture : c'étaient là, du moins, les premiers symptômes de réformes utiles à introduire dans l'enseignement, et dont le futur directeur de cette École toute particulière s'est emparé avec empressement pour en faire une entreprise industrielle, à la fois utile et lucrative. Il ajoutait ainsi à sa couronne scientifique un fleuron d'une autre importance que celle d'une simple chaire au Conservatoire des arts et métiers, où il se trouve peut-être trop à l'étroit pour développer des théories architectoniques.

Il fallait avant tout réunir, disait-il, — « les ressources de capitaux intelligemment groupés, » — et dans ce but fondamental on vit paraître, en 1864, une brochure intitulée : L'*École centrale d'architecture,* c'est-à-dire l'École libre qui avait pour but de faire pour l'art architectural *seulement*, ce que la véritable *École centrale* avait fait pour les sciences appliquées *à tous les arts et à toutes les industries manufacturières.*

Quel a été le résultat de la brochure prospectus, largement distribuée dans toute la France, et faisant appel à tous les artistes, architectes, ingénieurs ou industriels s'occupant, à divers titres, de constructions? — Peu d'artistes, très-peu d'architectes surtout, ont répondu à cet appel : huit seulement, dont sept de Paris, sur cent trente-sept souscripteurs « aux capitaux intelligemment groupés [1]. »

Une quantité notable de souscripteurs s'est recrutée parmi les ingénieurs civils sortis de l'*École centrale*; on peut en compter plus d'un quart (trois huitièmes environ), et ils entrent à eux seuls pour les trois treizièmes environ dans la somme souscrite pour l'exploitation industrielle fondée par le professeur de constructions civiles du Conservatoire des arts et métiers [2].

1. MM. Viollet-le-Duc (devenu membre de la commission de surveillance légale de l'emploi des fonds), 5 (ces chiffres représentent des actions de mille francs chacune); de Baudot (devenu répétiteur du cours de M. Trélat, théorie d'architecture), 2; Ouradou, 1; Lesoufaché, 2; Crétin, 3; Delbrouck (devenu professeur de comptabilité), 1; et Trélat (créateur, fondateur, administrateur et professeur de l'École), 10; s'inscrivant naturellement sur la liste comme architecte et non pas comme ingénieur. — C'est donc 13 actions sans M. Trélat et 23 lui compris.

2. Ce sont MM. Alcan, 1; Barrault, 2; V. Bois (devenu professeur de législation appliquée aux constructions), 1; Bouilhet, 3; Bourguignon, 1; Carlet, 1; Chabrier, 5; Darblay, 1; de Dyon (devenu professeur de stabi-

Un sixième environ d'ingénieurs d'*origine libre* fournit un huitième à peu près de la somme ; un dixième d'*entrepreneurs* fournit un onzième de la somme; un dixième aussi environ d'architectes, y compris des *vérificateurs* ou comptables de bâtiments, ne fournit qu'un dix-huitième de la somme, ou moins d'un trentième si l'on n'y comprend pas M. Trélat. Les ingénieurs de l'État qui participent à la spéculation ne se comptent que pour un trentième et ils fournissent un vingtième du capital.

Enfin le tiers restant des souscripteurs s'est recruté dans toutes les classes et dans toutes les positions de la société : prince de l'empire, sénateurs, préfets, maires, notaires, avoués, journalistes, etc., et ce tiers d'actionnaires plus illustres souscrit, en totalité, pour le troisième tiers de la somme engagée dans l'entreprise.

Les actionnaires de même profession, les plus nombreux de l'entreprise, sont donc les ingénieurs civils de l'*École centrale :* mais il est juste de faire remarquer que ce quart d'ingénieurs civils ne forme que le *cinquantième* du personnel actuel sorti diplômé de cette École, ce qui dénote qu'ils ne comptent que pour un faible appoint relatif dans l'appui et le concours qu'ils sembleraient avoir donné à l'institution imitatrice de celle à laquelle ils doivent leurs positions professionnelles.

Les architectes, y compris les vérificateurs, n'y sont

lité), 1; Dolfus, 1; Durenne, 5; Forquenot, 5; Goschler (devenu directeur des études), 10; Gottschalk, 3; d'Hamelincourt, 5; Lemoine, 1; Maure, 1; Mayer, 2; Molinos, 1; Em. Muller (l'un des co-fondateurs, administrateur et professeur de l'École), 10; Nagelmakers, 2; Orban, 2; H. Péligot, 2; Petiet, 10; Pronnier, 1; Richard, 1; Thévenot, 1; Trélat (déjà nommé et compté parmi les architectes), 10; Vée, 2; Vitali, 2. — C'est donc 83 sans M. Trélat et 93 lui compris.

représentés que par une minorité remarquable, et qui peut étonner : un dixième seulement comme nombre d'actionnaires fondateurs ; un peu moins d'un trentième dans la somme totale engagée dans la spéculation. Il s'agit cependant d'une École spéciale d'*architecture*, et l'on s'explique difficilement soit l'indifférence des architectes, soit leur peu de sympathie pour la fondation nouvelle ; peut-être ont-ils voulu voir la tournure que prendrait cette réforme dans les mains du réformateur, avant de s'y intéresser directement, peut-être même ont-ils été peu édifiés des idées émises par lui ; nous verrons, ci-après, où l'on doit trouver l'explication naturelle et bien simple de cette abstention générale et presque absolue.

Notons ici que Paris renferme plus de 1.600 architectes de mérites fort divers, et 800 vérificateurs ; 1,500 maçons, 1,300 serruriers, 1.200 menuisiers, 1,200 peintres, 600 charpentiers : — nous ne parlons que des chefs d'industrie ; puis 600 ingénieurs civils de toutes origines, c'est-à-dire diplômés ou non diplômés, et 200 ingénieurs de l'État. C'est un personnel intelligent de plus de 9,000 individus s'occupant de constructions civiles et autres, sans compter les autres professions ou industries qui y concourent plus ou moins directement ; et tout ce personnel est resté inaccessible aux pressants appels du fondateur ! on ne trouve parmi eux que sept souscripteurs architectes ou vérificateurs de bâtiments ! De part et d'autre n'y a-t-il pas là quelque défaillance probable ? Était-il prudent de s'embarquer dans une telle spéculation avec un vent si peu favorable ?... Quelle a pu être la cause de ce premier insuccès ?...

III

RAISONS DE L'INSUCCÈS GÉNÉRAL PRÈS DES ARCHITECTES FRANÇAIS ET ÉTRANGERS

Cherchons, dans les brochures prospectus de l'institution nouvelle ayant pour but une éducation particulière des architectes, cherchons quelles peuvent être les causes du peu de sympathie qu'elle a rencontré parmi un nombre si considérable d'architectes, à Paris; et les départements en possèdent un nombre qui est au moins des deux tiers, s'il n'est pas égal à celui de Paris; ils n'ont guère été plus sympathiques aux pressants appels qui leur ont été adressés.

Ouvrons la brochure intitulée : *Enseignement des Beaux-Arts* (Morel, 1864); on peut y voir quelles sont les idées et les principes étranges de l'*ingénieur civil* qui fonde une École *libre* d'architecture ; quel est son *sentiment* particulier et sa manière de voir, en fait d'art architectural, cet art qu'on a appelé de tout temps : *la musique des yeux*.

« *L'Architecte ne sait rien* de ce qui peut le mettre à » même d'*utiliser* simplement, commodément, ingénieu- » sement, économiquement la matière. » (Page 37.)

Voilà un brevet d'inaptitude et d'ignorance délivré à l'*architecte*, en bonne forme, sans ambages et sans exception aucune ! Pour qu'il soit souscripteur aux capitaux « intelligemment groupés, » il faut nécessairement que l'architecte se mette au-dessus d'un jugement un peu sévère, ou fasse aveu d'ignorance et d'incapacité flagrantes. Il faut en outre qu'il reconnaisse que l'architecture n'est tout uniment que l'art d'utiliser *simplement*, *commodément*, *ingénieusement*, *économiquement* la matière! C'est peut-être là ce qu'il y a de plus difficile à faire admettre par des gens essentiellement artistes, et qui ne possèdent pas l'art de la formule qui sied à tous ces adverbes si ingénieusement alignés. Le réformateur de l'éducation des architectes va nous donner des preuves, suivant lui, de ce qu'il avance :

« Pour exemple, il suffit de nommer le fer, ce grand » *révolutionnaire* de la construction, *ignoré* de l'architecte, *nié* par lui !... aptitude, rôle, parti à en tirer, » l'*architecte ne se doute de rien !* — Qu'il étudie donc ! Il » *apprendra* que chaque parcelle de fer, dans un *édifice*, » peut jouer un rôle de *résistance mécanique* calculable et » appréciable comme la valeur d'un besoin journalier !... » A cette grande *conquête* de l'*ingénieur*, une seule exclamation est *arrachée* à l'architecte : A quoi cela sert-il? » (Page 37.)

Et en effet, à quoi cela peut-il être rigoureusement utile au goût et au sentiment de la forme qui sont les qualités éminentes et essentielles de l'architecte?

Mais relevons d'abord une légère erreur : L'ingénieur n'a pas fait la *grande conquête* dont il est ici question; c'est le *savant* qui fait les conquêtes dans les sciences dont il défriche le vaste champ; l'ingénieur s'assimile et s'approprie les résultats de la science; il les utilise à sa manière, et suivant sa spécialité, comme le fait l'industrie générale.

Cette assertion de l'ingénieur civil peut se passer de commentaire; elle donne une idée du reste de la brochure et de ce qu'elle peut avoir pour but : *mécanisez* la construction; admirez les prodiges de la mécanique construite; devenez ingénieurs, purement rationnels, dépouillés de tout sentiment idéal, et alors seulement vous posséderez la vraie mesure de l'art architectural!...

Ce détail peut faire comprendre ce que pourra être cette École libre d'architecture, si l'on en suit le programme et l'esprit; elle ne sera libre qu'autant que l'élève saura y mécaniser la construction; rien ne s'y trouvera en dehors de la mécanique qu'à l'état de tolérance exceptionnelle, lorsqu'il s'agira de concession à faire *aux choses de la forme,* selon l'expression familière du professeur de constructions civiles!

L'architecte ignore donc le fer! cependant l'architecte ne l'a-t-il pas de tout temps employé dans les divers états où l'industrie de son siècle le lui a livré et l'a mis à sa disposition? — Depuis des siècles, en effet, les murs construits par les architectes, sont *chaînés* en fer, avec des ancres parfois apparentes, de dispositions artistement variées; l'architecte en a consolidé les pans de bois; il en a utilisé les innombrables produits manufacturés, aujourd'hui désignés sous le nom de quincaillerie, tôlerie, etc.; il en a intelligemment armé, au moyen de combinaisons aussi diverses qu'ingénieuses, les plates-bandes appareillées, les portraits, les poutres; consolidé les charpentes; il en a fait des combles entiers de cathédrales, de théâtres, de halles (halle au blé), etc., et ceux-ci, depuis plus de trois quarts de siècle; il en a disposé des grilles, des balcons, des rampes d'escaliers qui ont passé et qui passent encore pour des œuvres remarquables, etc., etc.; et tout cela, n'est-ce pas en *utilisant* le fer dans les états, avec les propriétés, et sous les formes et qualités qui lui sont offertes par les usines restées si longtemps stationnaires dans leurs produits?

Le fait des ingénieurs modernes, l'immense service qu'ils ont rendu et qu'ils continueront à rendre, a été de perfectionner les produits matériels des usines; le fait des architectes de tout temps a été et restera celui de les utiliser convenablement.

Lorsque les usines métallurgiques, sous l'habile et savante direction des ingénieurs spéciaux, et sur les besoins indiqués par les architectes, dont la profession existe incontestablement de très-ancienne date, lorsque les usines ont produit le fer à T et double T, les cornières, les tôles, etc., à des prix plus bas, l'emploi du fer a pu être plus fréquent; l'architecte en a fait de nouvelles charpentes, totalement en fer, et qui ont fini par coûter moins cher que celles en bois; aujourd'hui, il en fait d'immenses châssis vitrés, des couvertures vitrées de grandes cours intérieures, des marquises élégantes, de vastes toitures, des volets et des persiennes de tous genres.

Les planchers et les combles des habitations se faisaient en fer depuis quelque temps déjà, et voici que les escaliers se font exclusivement en fer, ce qui annule pour ainsi dire *l'art du charpentier*, et relègue aux archives de l'art des constructions, les épures de charpente dont les applications vont devenir de rares curiosités.

Les progrès de l'emploi du fer ont donc été incessants, dans l'architecture publique et privée ; et un ingénieur civil, fondateur de l'École réformatrice, affirme, à qui veut l'entendre, « que le fer est ignoré de l'architecte ; » est *nié* par l'architecte ; que l'architecte *ne se doute de* » *rien !* »

Ce qui met le comble à l'admiration ; ce qu'il y a de plus prodigieux au monde pour le créateur de la nouvelle institution, c'est un *pont tubulaire* jeté au-dessus d'un vaste espace : c'est là une de ces idées imagées qu'il caresse avec affection, et qui lui viennent fréquemment en tête, dans ses brochures comme dans ses cours de constructions *civiles* (comme si c'était là de la construction civile proprement dite). Il se complaît à prendre des tours de force extrêmement remarquables, pour des œuvres architecturales ; il aime à confondre, peu judicieusement, les unes avec les autres. Il prend un grand *ouvrage* de fer, une immense poutre creuse pour un type *monumental* ; quand il sait que le fer périt par la rouille et par les effets de la cristallisation, inconvénients graves auxquels on ne peut le soustraire indéfiniment, ce qui lui enlève, par conséquent, tout caractère essentiellement monumental, dans la véritable acception du mot.

« D'immenses monuments métalliques dans l'intérieur » desquels les trains de chemin de fer franchissent » des bras de mer !... Cela n'a ni intéressé ni *étonné* » l'architecte ! » (Page 39.)

Cela ne peut l'intéresser, — sans l'étonner, — que

comme difficulté de construction vaincue par la science toute spéciale des ingénieurs. Si l'architecte reste, jusqu'à un certain point, indifférent en présence des chefs-d'œuvre de la mécanique monumentale qu'il ne prise peut-être pas assez, comme difficulté vaincue, en revanche, certains ingénieurs, en quelque petit nombre qu'ils soient, n'affichent-ils pas trop souvent le dédain et l'absence absolue du *sentiment* de la forme et de l'art architectural ? Quelques exemples pourraient se citer autour de nous; mais nous y reviendrons.

L'auteur continue : « Et c'est sans VERGOGNE qu'il livre » journellement au hasard de ses prévisions incertaines » et dangereuses, la stabilité des maisons nouvelles de » Paris, dans lesquelles il s'est enfin décidé à introduire » l'indispensable ressource du métal ! » (Page 39.)

L'architecte est éhonté, sans *vergogne !!!* Le créateur de la nouvelle Ecole d'architecture le proclame à son de trompe ! il est sans pitié pour ce charlatan ! L'architecte de nos jours, au dire de l'ingénieur civil, ne peut offrir qu'incertitude et danger dans toutes ses prévisions ! La nouvelle École libre, inspirée et fondée dans l'intérêt unique des générations qui vont suivre, aura pour résultat infaillible la destruction nécessaire de cette race d'ignorants sans pudeur qui laissent s'écrouler les maisons nouvelles de Paris !...

On ne voit cependant pas que les nouvelles maisons de Paris soient ni plus ni moins stables que les anciennes, qui n'étaient pas, elles-mêmes, si dépourvues des *ressources* du métal. Et si l'on s'est enfin décidé à introduire cette ressource du métal, dans les constructions neuves, dans une plus grande proportion, c'est uniquement parce que cette ressource devait apparaître sur une plus grande échelle, et avec des prix notablement réduits, avant de recevoir un emploi plus général. L'architecte, tel qu'il existe encore, et qu'un messie de l'art fourvoyé appelle *sans vergogne*, construisait les planchers en bois lorsqu'il n'avait que du bois à sa disposition; aujourd'hui que le bois manque, et que l'industrie métallurgique, si bien aidée du secours des ingénieurs directeurs d'usines, livre plus de fer, sous des formes plus variées, à des prix plus bas, l'architecte, malgré les hasards de ses *prévisions incertaines* et *dangereuses*, l'architecte *éhonté* utilise le fer à sa manière ; il se borne à en tirer tout le parti que les besoins de son art lui indiquent. L'ingénieur civil, fort heureux de la vaste étendue de son savoir, est bien libre de trouver ce rôle par trop insuffisant ; mais il serait sans doute d'un meilleur goût d'avoir un peu moins de sévérité dans ses appréciations ! Car, enfin, que le savant professeur de constructions civiles se donne la peine de porter ses pas sur les chantiers de constructions dirigés par des architectes, et entre autres, pour n'en citer qu'un, sur celui de l'Opéra nouveau, et il pourra voir que l'architecte *peu vergogneux* qui en dirige les travaux, n'est peut-être pas aussi ignorant qu'on veut bien le dire; et que sans les immenses ressources du métal révolutionnaire, M. Garnier n'aurait pas exécuté les tours de force de construction qu'on peut y voir réalisés, sans qu'ils nuisent en rien aux formes monumentales. Mais, certes, ce n'est pas le fer qui constitue ici la qualité ou le mérite du *monument*; bien au contraire, l'emploi du fer y serait presque regrettable, sans son indispensable nécessité; car l'édifice ne périra certainement un jour que par suite de l'emploi du métal *révolutionnaire*. Le Colisée est encore debout ; en sera-t-il de même du nouvel Opéra dans deux mille ans ?...

Les monuments tubulaires et les ponts en fer dureront-ils, ou ont-ils duré ce qu'ont duré et dureront les ponts antiques ?...

Les poutres du pont sur le chemin de fer d'Orléans, portant la chaussée du boulevard de la gare d'Ivry, poutres qui viennent de manquer et d'interrompre le service..., n'avaient-elles pas été calculées par de savantes formules, et n'étaient-elles pas faites de ce métal révolutionnaire si préconisé par le fondateur de la nouvelle École?... Est-ce un architecte ignorant et sans pudeur qui avait construit ce pont?...

Nous ne parlerons ici que pour mémoire d'un pont célèbre, dit *des Invalides*, qui certes n'a pas été construit par un invalide de la science, vers l'année 1825. Ce pont, loin de manquer accidentellement après trente ou quarante ans de service, ne s'est-il pas effondré lorsqu'il était encore, pour ainsi dire, dans les langes de la formule qui seule l'avait enfanté?... Et, — il faut le reconnaître — si les architectes sans pudeur laissent s'écrouler les maisons nouvelles de Paris, ces écroulements fantastiques ont bien moins de retentissement ; car on ne les voit guère que dans les prospectus d'une École où ils ont leur degré d'utilité relative !

Nous ne parlerons pas du viaduc de Barentin, ni de la voûte établie sous le quai qui longe l'Hôtel-Dieu de Paris, tous deux faisant défaut aux formules scientifiques !

Laissons cette brochure que nous venons de citer, et dont il suffit d'avoir donné une idée par ces extraits, qui peuvent édifier sur tout le reste; sauf à y revenir plus tard, lorsqu'il sera nécessaire. Examinons, dans le chapitre suivant, quelques passages de celle qui avait pour but le développement des raisons qui nécessitaient la fondation d'une École centrale d'architecture; retournons à la brochure pivotale et intitulée : L'ÉCOLE CENTRALE D'ARCHITECTURE. (Morel, 1864.)

IV

MOTIFS QUI NÉCESSITAIENT LA FONDATION D'UNE ÉCOLE CENTRALE D'ARCHITECTURE

Delenda Carthago!

Le professeur de constructions civiles, fondateur d'une nouvelle École, entre en matière ainsi qu'il suit, dans la brochure prospectus intitulée : L'ÉCOLE CENTRALE D'ARCHITECTURE :

« En face d'une exubérance de besoins qui l'incitent » aux plus brillantes solutions, au milieu d'un développe- » ment de ressources matérielles sans précédents, — » l'architecture fléchit dans sa mission! »

Le ton du discours est pris de haut, comme on le voit, et l'admonestation est dignement prononcée. Mais que sont nos besoins *exubérants*, nos ressources matérielles si développées, à côté des besoins et des ressources de l'antiquité, des Romains, par exemple, qui bâtissaient le *Colisée* en deux ans et neuf mois, bien que dépourvus, sans doute, des ressources de la science moderne!

« L'architecture fléchit dans sa mission; les édifices, » dépourvus de caractère propre, ne concourent pas à do- » ter notre époque, si accusée dans ses allures, d'une ex- » pression d'art franchement inspirée! »

Le professeur de constructions civiles ignore donc les travaux de MM. Ballu, Baltard, Duban, Gilbert, Labrouste, L. Reynaud, L. Vaudoyer, Viollet le Duc, etc., etc.?

La critique et le blâme du fondateur de la nouvelle École sont choses aisées; mais que ne fait-il connaître, que ne donne-t-il pas lui-même, puisqu'il les possède et les emmagasine pour son enseignement privé, des modèles de son cru, d'expression d'art franchement inspiré, d'édifices pourvus d'un caractère propre? Pour se poser en réformateur, il ne faudrait pas se contenter de dire : Vous faites mal, vous êtes indignes; il faudrait prêcher d'exemple et dire : Voici comment il faut faire et ce qu'il faut faire. Si les œuvres des architectes, nos contemporains et autres, sont si mauvaises, que n'en montre-t-on d'autres inédites sans doute jusqu'à ce jour, et à l'appui de telles assertions magistrales? Ce procédé ne serait-il pas plus probant que toutes les invectives imaginables, dont bien des gens peuvent être dupes, car tout le monde ne saurait être juge en pareille matière!

« L'architecture fléchit... »

On peut se demander : à qui la faute? Est-ce à l'époque elle-même, ou à son architecture qui ne peut agir sur elle?... Notre époque, comme toutes les époques précédentes, ne crée-t-elle pas elle-même « l'*accentuation de ses allures?* » De tous temps et en tous lieux, est-ce l'architecture qui a fait l'époque, ou n'est-ce pas l'époque qui a été reflétée par l'architecture?..... Cela est élémentaire!

Si notre époque veut, avant tout, et suivant l'auteur de ces assertions, l'*utilisation* judicieuse de la matière, la *stabilité rationnelle* des matériaux, etc., une expression d'art franchement inspirée, pourra-t-elle sortir de pareilles conditions par les moyens que l'on mettra bientôt en pratique sur une échelle plus grande et plus sérieuse que celle des cours spéciaux du Conservatoire des arts et métiers? Nous devons l'espérer, car on ne démolit pas sagement sans avoir du mieux réel à mettre en place. Mais les moyens nouveaux seront-ils assez puissants pour réagir sur l'esprit de l'époque; pour faire que ce qui est l'écho devienne le son lui-même; pour faire enfin que l'*esprit* éminemment *utilisateur* devienne exclusivement le *sentiment de l'art* architectural?...

« Son personnel, » — celui de l'architecture, — « isolé » du mouvement des connaissances dont toutes les acti» vités de la société recherchent l'utilisation, s'efface cha» que jour devant les professions plus éveillées et mieux » pourvues qui s'agitent autour de lui. »

Ce personnel ne s'efface pas, mais il se trouve opprimé par les *agitateurs* plus *éveillés* et se disant mieux pourvus. On peut néanmoins, jusqu'à un certain point, reprocher à une partie du personnel en question, de se tenir trop éloigné du mouvement, ou plutôt des connaissances acquises de nos jours. Mais il ne faut pas perdre de vue que la possession et l'assimilation de ces connaissances multiples et transcendantes, exige d'abord des aptitudes et des spécialités d'entendement qu'on ne crée pas, et qui accompagnent rarement le sentiment de l'art, et en outre, l'acquisition trop complète de ces connaissances absorbe les intelligences et les années, souvent au détriment de tout autres qualités; et trop souvent encore ces connaissances restent sans aucune application journalière qui puisse justifier à la fois leur étendue et leur généralité;

que de gens, en effet, trop instruits, se hâtent d'oublier leur science, dont ils ne trouvent, dans leurs positions sociales, aucune application directe !

On peut se demander pourquoi vouloir que la nature artiste de l'architecte, dont la spécialité de l'entendement, à lui, au lieu d'être toute de science pure, n'est, le plus souvent, que de simple et judicieux instinct et de pur sentiment ; pourquoi vouloir changer cette nature particulière et chercher à greffer sur un sujet d'une fibre toute spéciale, une essence très-vigoureuse qui ne prendra pas, ou qui détruira, peut-être, ou modifiera du moins le sujet, en le dévoyant de cette nature privilégiée à laquelle il doit la faculté de créer des formes pleines de charme et d'une gracieuse élégance, ou d'une expression accentuée, d'un caractère déterminé, d'un style pur et élevé, résultats qui sont le but incontestable de l'art architectural !...

L'architecture a pour mission d'utiliser en temps et lieux, en mesure convenable, toutes les expériences, toutes les industries, toutes les matières, toutes les règles, tous les procédés, toutes les lois physiques, toutes les formules, toutes les découvertes physiques et intellectuelles. L'architecture utilise tout d'une manière spéciale, mais ne crée pas autre chose que les formes si variées qui résultent de ces utilisations diverses, mises judicieusement en pratique sous l'influence du sentiment, de la fantaisie, du caprice et de la rêverie, soumis néanmoins à l'instinct d'une raison toute caractéristique ; hors de là, l'architecture n'est plus que de la construction industrielle, utile, savante ou routinière.

L'intelligence et le raisonnement de l'architecte, la *ratio-*

cinatio de Vitruve, consiste à faire usage des produits de toutes les intelligences humaines, que ces produits soient des œuvres fabriquées manuellement, mécaniquement ou intellectuellement : ces dernières œuvres sont surtout les produits naturels d'une spécialité d'ingénieurs, qui consiste à posséder la science pure et à la formuler. Que le savant ingénieur, qui est une spécialité des temps modernes, traduise ses formules, les exprime en langage vulgaire ; qu'il en fasse des tables à consulter, des aide-mémoire, et l'artiste moins savant peut-être les utilisera d'autant plus volontiers qu'il a trouvé de très-vieille date, sans formules, d'instinct et de sentiment, les formes de plus grande stabilité, de plus grande résistance dans la colonne, et en maintes autres circonstances, qui ne sont que problèmes toujours chiffrés et formulés, mais peu *sentis* par l'ingénieur. Pour ce dernier, une expression d'art est une *formule* algébrique ou différentielle; pour l'architecte, c'est une *forme* esthétique, une inspiration sentie !

Des professions plus éveillées, remarque l'auteur des prospectus de la nouvelle École, effacent chaque jour le personnel de l'architecture, parce qu'elles sont mieux pourvues !... Mais pourvues de quoi?... Est-ce de science abstraite, ou de sentiment artistique?... La science à recettes formulées, la science aidée d'un esprit plus éveillé, tiendrait-elle lieu du feu sacré, du sentiment inné et cultivé de l'art?... elle équivaudrait alors au savoir-faire, et lutterait avec lui contre l'art, impuissant dans un pareil combat, surtout quand l'esprit et le goût de l'époque ne sont pas portés à le défendre contre les agitateurs mieux pourvus! Michel Ange, Bramante, Serlio, Palladio, Philibert Delorme, Pierre Lescot, et plus près de nous, Perrault Percier, Alavoine, Blouet..., et tant d'autres dont la liste serait trop longue, auraient-ils été capables de lutter dans les circonstances de nos jours? Leur profession, de leur temps, n'était ni très-éveillée, ni aussi bien pourvue. Ils ont néanmoins laissé des œuvres qui caractérisent l'époque où ils ont vécu d'un sceau notablement remarquable! Ces œuvres ont caractérisé leurs époques, mais ne les ont évidemment pas faites.

En résumé, suivant le fondateur de la nouvelle École, 1° l'architecture fléchit et l'époque est sans expression d'art, parce que l'architecte n'a pas su acquérir la science de l'ingénieur moderne; 2° le personnel de l'architecture est effacé par les professions plus éveillées, par quelques ingénieurs, peut-être, se disant architectes mieux pourvus.

« De cette double observation,» continue la brochure, » il faut induire qu'en oubliant de s'approprier les res- » sources qui lui étaient préparées, l'architecte s'est » *aliéné le pouvoir* de servir les exigences d'une époque » qui, en retour, lui conteste le droit de se dire son inter- » prète au nom de l'art. »

Si l'époque conteste à l'architecte le droit de se dire son interprète au nom de l'art, est-ce que, par hasard, l'époque aurait concédé à l'ingénieur civil, se constituant architecte, le droit contesté à l'architecte non ingénieur? Dans ce cas, l'époque serait celle des ingénieurs ne pouvant, ou ne voulant pas être celle d'un art architectural? Les professions *plus éveillées* auront agi sur l'époque qui, naturellement, aura subi leur influence, rien de plus, rien de moins.

Si, de son autorité privée, l'auteur de ces principes étranges se fait l'interprète de son époque; s'il se constitue son représentant, ne pourrait-on pas lui demander une exposition plus claire et plus nette des relations qui existent entre les manifestations d'un art architectural et les *causes* de ces manifestations?...

Quelles sont ces ressources préparées à l'architecte et qu'il a *oublié* de s'approprier? Ces ressources préparées et oubliées, — est-ce l'exubérance des besoins nouveaux qui ne peuvent être assouvis que par certaines ressources purement scientifiques, dont on s'était passé jusqu'à ce jour, dans l'art proprement dit, bien qu'elles aient leur degré d'utilité incontestable; est-ce le développement des ressources matérielles qui ne sont pas les mêmes, et qui sont loin d'être celles de l'antiquité, mais qui ont plus à compter avec la science pure qu'avec l'art; est-ce le personnel architecte effacé par les professions *plus éveillées*; est-ce enfin l'instruction architectonique déversée, depuis quinze ans, dans les cours du Conservatoire des arts et métiers, à propos des *choses de la forme*, et sous prétexte de constructions civiles?...

Toujours est-il que l'architecte, suivant le créateur d'une nouvelle École, s'est *aliéné le pouvoir* de servir les exigences d'une époque. Encore un coup, ne faudrait-il pas définir ces exigences de l'époque pour voir si effectivement l'époque peut à juste titre contester à l'architecte le *droit* de se dire interprète de l'art?

Le sentiment individuel de l'art existe de tous temps dans les masses; seulement il faut, pour le faire éclore, des circonstances heureuses bien connues dans l'histoire. N'est-il pas évident que les détenteurs du pouvoir et du denier public ou particulier, peuvent seuls faire faire à l'art fausse route, s'ils ne sont pas capables de sentir et d'apprécier la bonne! L'époque et son capital commandent; tant pis pour eux s'ils adressent leurs préférences aux professions plus *éveillées* et mieux pourvues de moyens d'utilisation économique et purement matérielle; l'art meurt alors sous la grande et exubérante végétation qui l'étouffe sous ses rapides et tristes éclosions!

V

L'ART N'A PAS D'ÉCOLE ET L'ABSENCE D'ÉCOLE TUERAIT L'ART SI L'ON NE SE HATAIT DE CRÉER UNE ÉCOLE CENTRALE D'ARCHITECTURE

Continuons :

« Envisagée dans ses applications journalières, l'archi-
» tecture est la seule profession libérale à laquelle il n'est
» aujourd'hui réservé *aucun enseignement* spécial et com-
» plet. Toutes les professions utilisant des connaissances
» que la science ou l'expérience ont préparées, possèdent
» des établissements où la jeunesse trouve *un enseigne-
» ment de choses enseignées avec méthode, régularité et plé-
» nitude.* Il suffit de rappeler l'École de médecine pour les
» médecins; l'École de droit pour les avocats, avoués,
» notaires, etc. ; l'École polytechnique et ses dérivés pour
» les ingénieurs des travaux publics ; l'École centrale des
» arts et manufactures pour les ingénieurs des travaux
» libres. — L'architecture, à laquelle se rattache un per-
» sonnel de professions dont le nombre ajoute tous les
» jours à l'importance qu'elle a eue de tout temps, *l'ar-
» chitecture seule n'a pas d'École qui fasse des architectes.* »
(Page 6.)

Notons tout d'abord que dans toutes les Écoles citées en première ligne, on n'y développe que l'esprit et l'intelligence, — c'est déjà bien assez, — mais nullement ce qu'on appelle le sentiment de l'art, qui ne peut nullement s'enseigner, que l'on trouve en soi, qui se développe comme il peut, et qui n'en est pas moins le pivot essentiel de l'architecture proprement dite. — Des sciences de raisonnement, d'observations et de déductions; de vastes nomenclatures de faits naturels ou conventionnels; des applications pratiques et industrielles ou d'intérêt général; voilà le but et les moyens de toutes ces Écoles.

Les Écoles spéciales des beaux-arts ont une fin tout autre, et ne peuvent guère s'appuyer sur les mêmes moyens d'enseignement; *l'esprit*, *l'intelligence* et la *mémoire*, toujours utiles, n'y suffisent plus; il faut une autre faculté, celle du *sentiment intime et naturel* de l'art, et des variétés de ce sentiment qu'on développe et qu'on utilise dans la proportion où on les trouve, mais sans les mesurer, sans les faire passer au même calibre.

Comment le *personnel des professions* qui se rattachent à l'architecture peut-il ajouter à l'importance qu'elle a eue de tout temps? Quelle relation y a-t-il entre le personnel cité et l'importance signalée?...

Qu'est-ce qu'un architecte? Peut-on faire à volonté un architecte? S'il n'y a pas encore et s'il n'y a jamais eu d'École spéciale pour faire des architectes, comment se sont faits ceux qui ont marqué leur passage dans l'histoire de l'art architectural, et ceux qui existent de nos jours? D'où viennent ceux dont le directeur fondateur d'une nouvelle École, décline impitoyablement le mérite, avec l'intention de se constituer *à lui seul* le représentant de l'art architectural de son époque, dans sa pratique, dans sa théorie, dans son enseignement, bien que lui-même, comme les autres, ne soit probablement sorti d'aucune École!

Si l'architecture seule n'a pas d'École qui fasse des architectes, d'où peuvent être sortis, pour n'en citer que quelques-uns parmi les vivants, les Abadie, André Arveuf, Bailli, Ballu, Baltard, Boëswilvald, Cendrier, Clerger, Dufeux, C. Daly, Daumet, Delagénière, Duban, Duc, Ch. Garnier, Gilbert, Godebœuf, Grisard, Guénepin, Moreau, H. Labrouste, Lance, Lefuel, A. Lenoir, Lepreux, Lequeux, Lesoufaché, Magne, Millet, Nicolle, Nollau, Normand, Pellechet, Questel, L. Reynaud, Rolland, Uchard, L. Vaudoyer, Vaudremer, Villain, Viollet le Duc... Nous ne citons que ceux-là pour ne pas rendre trop longue la liste des architectes éminents à divers titres; combien d'autres ne pourrait-on pas mentionner?

Il n'y a pas d'École d'architecture! Et que sont alors, en dehors des ateliers très-fréquentés de l'*École des beaux arts*, que sont tous les ateliers privés où l'enseignement libre est ou a été donné à des milliers de jeunes gens par les principaux maîtres que voici : J. André, A. Cendrier, Davioud, Constant Dufeux, Duban, Ginain, Guénepin, Jay, Henri Labrouste, Laisné, Lequeux, Magne, A. Normand, Questel, Léonce Reynaud, Léon Vaudoyer, Vaudremer, Villain. — sans compter bien des architectes qui ont au moins deux ou trois élèves chacun dans leurs ateliers! Jamais, à aucune époque et dans aucun pays l'architecture publique et celle privée n'ont été mieux pourvues, bien qu'elles laissent encore beaucoup à désirer, et que des talents au-dessous du médiocre prennent trop souvent la place de talents très-sérieux!

Les professions de médecin, d'avocat, d'ingénieur de l'État, toutes bien connues, bien précises, sont-elles comparables avec celle de l'architecte *non défini* par les prospectus de l'École réformatrice? Faut-il laisser dans l'esprit cette comparaison confuse et erronée?... Il y a des professions qui ont des responsabilités morales et d'autres qui ont des responsabilités matérielles: parmi ces dernières se trouve celle des architectes libres, c'est-à-dire n'appartenant pas à des corps officiels ou à des administrations publiques ou privées. L'architecte est légalement et matériellement responsable de ses œuvres, dans une certaine mesure; il ne faut pas perdre de vue ce fait important.

Le médecin et l'avocat exercent en vertu du diplôme indispensable, garantie *morale* que la société exige envers elle-même; l'un doit protéger la vie, l'autre la fortune et l'honneur du patient ou du client. Si le diplôme ne constituait pas un privilége pour ces professions, personne n'en prendrait. Le diplôme confère un droit d'exercice, mais ne donne pas le talent. Les avoués, les notaires sont brevetés, obligatoirement; garantie également morale pour le public; n'est pas avoué ou notaire qui veut; ce qui n'empêche pas l'industrie des hommes d'affaires dont quelques-uns néanmoins sont très-capables, tandis que les diplômés et les brevetés ne le sont pas tous au même degré. Les ingénieurs de l'État font partie d'un corps constitué et dont les membres sont solidaires par la science et l'expérience; corps d'élite où l'on n'entre qu'après une série d'épreuves sérieuses : la garantie envers la société y est encore toute morale.

Les ingénieurs libres n'appartiennent à aucun corps constitué; excepté dans les grandes compagnies industrielles, ils sont matériellement et personnellement responsables de tous leurs actes envers les tiers, au même titre que les architectes libres. Les ingénieurs libres sont diplômés ou ne le sont pas. Le diplômé lui-même, malgré son mérite constaté, ne peut lutter contre les professions plus *éveillées* et mieux pourvues. Se dit, d'ailleurs, ingénieur civil qui veut, et les ingénieurs diplômés ou non diplômés ont le droit de se dire architectes; droit qu'ils partagent avec *tout le monde* et plus particulièrement avec tous les corps d'états qui concourent au grand art de bâtir. Il n'y a guère que l'ingénieur constructeur mécanicien spécial qui ne se dise pas architecte. Fabricants de tuiles et de briques, maçons, charpentiers, menuisiers, serruriers, métreurs et vérificateurs de bâtiments, etc., tous peuvent se dire architectes, avec plus ou moins de raison, parce qu'ils concourent, d'une certaine manière et dans une certaine mesure, à l'édification des bâtiments qui servent à l'homme et aux divers abris ou vêtements collectifs de l'humanité.

Tous les auteurs qui ont *défini* l'architecte sont remontés jusqu'à Vitruve. Si les véritables architectes devaient encore être de nos jours ce qu'ils devaient être du temps de l'architecte romain, un *desideratum* très-difficile, pour ne pas dire impossible à atteindre, en tenant compte surtout du niveau bien plus élevé aujourd'hui de toutes les sciences physiques et mathématiques, — à quel degré du *desideratum* décernerait-on un diplôme, qui d'ailleurs ne peut, dans les cas ordinaires des relations sociales, mettre à l'abri des responsabilités personnelles et matérielles [1]?...

« *L'architecture seule n'a pas d'École qui fasse des » architectes.* » (Page 7.)

Le fondateur de la nouvelle Ecole ne semble-t-il pas avoir fait une découverte utile à exploiter? C'est une tentative au surplus qui n'a pas tardé à être mise à exécution.

Peut-on faire des architectes comme on fait des ingénieurs libres, très-instruits dans les sciences positives, physiques et mathématiques, sciences qui ont des applications spéciales si nombreuses et si variées dans la grande industrie humaine, et dont tous les produits sont mis à contribution dans l'architecture, qui n'existe et ne se manifeste que par le fait de cette contribution même?

Le développement plus ou moins complet des sciences mathématiques appliquées donne-t-il le *sentiment* de l'art? — L'élève de la nouvelle École, déclaré le plus capable par son directeur, sera-t-il un véritable artiste, apte à devenir architecte avec le temps et l'expérience qu'il devra ultérieurement acquérir? N'aura-t-il qu'une note d'incapacité, l'artiste qui ne sera doué que d'un sentiment exquis de la forme architecturale, et de toutes les facultés requises pour en traduire aux yeux une expression convenablement sentie?...

1. Cette question du diplôme, nous l'avons déjà dit, vient d'être résolue d'une manière satisfaisante par le nouveau règlement de l'Ecole impériale et spéciale des beaux-arts. Les jeunes architectes ont actuellement un intérêt puissant, et qui couronne tous les autres, à suivre l'Ecole qui, jusqu'à ce jour, a donné à la France ses meilleurs architectes.

On ne fait pas plus des architectes qu'on ne fait des poëtes, des peintres, des statuaires, des musiciens; on ne peut que développer des aptitudes très-diverses, toutes plus ou moins utiles à la profession très-complexe de l'architecture; et les modes de développement doivent être aussi très-variés, sous peine d'être parfois impuissants; ils ne peuvent que s'approprier aux différentes natures si diversement douées, toutes utiles néanmoins dans la mesure de leurs forces. Il n'y a pas de raison cependant pour que la nouvelle Ecole ne reçoive pas des natures très-riches qui s'y développent, non pas peut-être grâce à tel ou tel mode d'enseignement, mais quel que soit cet enseignement et malgré lui: qu'un jeune, Duban, par exemple, ou un Vaudoyer, etc. s'y présentent, ils en sortiront *eux-mêmes* sans qu'on ait probablement pu les dénaturer : il faut du moins conserver cet espoir.

« Un jeune homme qui veut devenir architecte, suit » aujourd'hui la voie suivante : il entre aussi jeune que » possible dans l'atelier d'un architecte qui fait des » élèves. » (Page 7.)

Cette assertion, contenue aux prospectus de la nouvelle École, est-elle parfaitement exacte? Elle semble ne répondre qu'au besoin qu'on semblait avoir d'un tableau plein de désespérance, et qui servît de motif essentiel à l'exploitation industrielle qui était en projet.

Ce n'est pas *aussi jeune que possible* que l'on fait son entrée dans l'atelier d'un *maître* que l'on choisit à sa convenance; c'est le plus souvent quand on est capable, par un certain acquis, de profiter de l'instruction artistique qui s'y donne. On a suivi des cours auparavant; on a pu voir des chantiers de travaux et s'y intéresser; on a dessiné; on a même fait des études sérieuses et générales, ses *humanités* ; on peut être sorti du collége ou du lycée, bachelier ès lettres, bachelier ès sciences; on peut encore être sorti de l'École Turgot, du collége Chaptal, de l'École polytechnique, de l'École centrale, ce qui ne nuit pas toujours à un jeune homme qui *veut devenir* architecte. Il y en a beaucoup qui ont commencé par ces moyens d'études, et qui se sont développés d'une manière fort remarquable, ce que la nouvelle École n'a pas besoin de voir, ni de dire aux lecteurs de ses prospectus, dont elle désire, cela se conçoit, se faire des commanditaires et des clients.

Les circonstances éventuelles de l'éducation, de l'instruction, des besoins matériels de la vie, sont pour beaucoup dans la création des architectes de tous genres et de tous dégrés. Ces circonstances mettent les jeunes gens en contact plus ou moins direct avec les travaux de constructions, avec tout ce qui se rattache plus ou moins immédiatement à l'architecture. Le dessin dans les écoles, l'impression ressentie à l'aspect des monuments, des édifices, la parenté et les relations sociales, déterminent les premiers pas dans la carrière. Il faut des apprentis, des aides, des commis, des copistes, des calculateurs patients et habiles, des dessinateurs, des conducteurs, dans l'exécution de tous les travaux de nos jours qui se rattachent à l'architecture; c'est aussi dans cette armée nombreuse de travailleurs, de tous rangs, de toutes capacités, que se manifestent et se développent des goûts et des tendances plus ou moins heureuses pour l'architecture et les différentes spécialités qu'elle comporte dans nos temps modernes. Là, chacun essaye et cherche sa voie, en obéissant à ses goûts, à ses aptitudes, et tout en satisfaisant, s'il est nécessaire, à des besoins matériels, ce qui n'est pas un crime, bien que M. Trélat semble n'y voir qu'un *mobile de lucre* prématuré.

On est donc tout d'abord en contact avec les différents détails de la pratique; on se met au courant d'une partie ou de plusieurs parties de l'ensemble. Si le besoin s'en fait sentir on trouve alors, de tous côtés, dans les capitales et dans les grandes villes, et libéralement ouverts aux besoins de l'intelligence, des cours publics, des écoles gratuites, des ateliers publics et privés, et la profession, libre par excellence, se développe librement. Les uns ont la faculté de l'imitation et ils suivent les idées d'un maître ou d'un autre, ou bien ils s'en inspirent; les autres développent eux-mêmes leur originalité plus ou moins puissante; les uns ont l'aptitude de faire tout du premier jet; les autres sont moins prompts et ne se contentent jamais, ils étudient toujours. Au milieu de tous, les plus « *éveillés* » et les mieux « *pourvus,* » savent parfois se produire et surmonter les obstacles, surtout lorsqu'ils ont le concours de circonstances heureuses.

A ces faits, dont tout le monde peut reconnaître l'exactitude, voyons ce que les prospectus de l'École réformatrice ont substitué pour le besoin et à l'appui d'une institution qui a pu être fondée, comme on l'a dit, « avec les » ressources de capitaux intelligemment groupés ; » revenons pour cela à la brochure citée comme première en date : *l'Enseignement des beaux-arts,* 1864. (Page 54.)

VI

TENUE DÉPLORABLE ET PERNICIEUSE DES ATELIERS PRIVÉS ET AUTRES COMMENT SE FONT LES TROIS QUARTS DES ARCHITECTES

« A l'atelier, le jeune homme qui veut devenir archi» tecte, selon *qu'il s'est bien adressé*, apprend assez vite...» Suffirait-il, par hasard, de se bien adresser pour apprendre assez vite?... « toutes les ressources que l'habileté de » main peut procurer dans l'art du dessin, indispensable » à ses *occupations futures*. »

Tout à l'heure il n'y avait pas d'École pour apprendre l'architecture; maintenant il est admis qu'on acquiert assez vite chez les maîtres dénigrés précédemment, l'habileté de main dans l'art du dessin. Mais cette habileté ne doit pas servir à la manifestation des facultés natives; elle n'est utile, suivant le fondateur de la nouvelle École, qu'à des *occupations futures*, pour ainsi dire, à un métier qu'on doit se créer, plutôt qu'à un art. Nous verrons que cette habileté, dans l'institution nouvelle, peut également s'acquérir, mais ne s'obtient qu'en absorbant une notable partie des trois années, au minimum, que l'on fait payer un peu chèrement, peut-être, aux élèves. « Un

» long temps, est-il dit, doit être consacré aux exercices » qui touchent plus ou moins directement au dessin. » (L'École centrale d'architecture, page 24.) Les élèves de l'École nouvelle consacrent, en effet, plus des *neuf dixièmes* de leur temps d'école à tirer eux-mêmes de leur propre fond ce qui peut s'y trouver. Ce développement de qualités innées peut certes s'obtenir à un prix moins élevé que celui que nous verrons fixé par la direction du nouvel établissement.

« Il recueille des *rares* visites du maître, des discus- » sions dépourvues de lumières suffisantes qui se pro- » duisent autour de lui, parmi ses condisciples, une » *teinture* plus ou moins vague des *objets* divers de l'archi- » tecture, et des différentes œuvres monumentales qui » ont été *éditées* à certaines époques remarquables dans le » passé. Si ses *visées* ne montent pas très-haut, c'est là » que se borneront les ressources théoriques qu'il con- » querra pour les *exploiter* plus tard dans la pratique; » aussitôt que son crayon lui permettra de trouver *quel-* » *que petit lucre* auprès des architectes occupés, des cons- » tructeurs, des entrepreneurs ou des industriels, il s'em- » pressera d'en tirer parti. Puis, après *six, huit* ou *dix* » ans passés ainsi, il s'*introduira* plus ou moins vite, selon » son énergie personnelle, dans l'œuvre courante de l'ar- » chitecture de *son temps*, avec le titre d'architecte qu'il » s'octroiera. On peut dire que les trois quarts des ar- » chitectes se sont ainsi formés et se forment ainsi. »

Ce tableau, encore une fois, ne semble-t-il pas entièrement fait pour servir de contraste rembruni à la séduisante perspective que la suite des prospectus devra nous faire de l'organisation intérieure de la nouvelle École ?

Si, à tort ou à raison, on appelle *architectes* toutes les personnes qui concourent au travail des constructions de bâtiments quelconques, le professeur de constructions civiles a raison. Depuis les plus petits commis jusqu'aux plus importants; depuis les aides les plus subalternes jusqu'aux plus utiles, aux plus indispensables, il faut bien que chaque élément de cette armée si nombreuse se soit formé quelque part, et doit-on lui en faire un crime? Peut-il en être autrement? Comme il y a des ingénieurs de tous calibres, dans ceux de contrebande et autres, il y a également des architectes de différentes forces et de différentes catégories, même dans les architectes *marrons*, que l'on nous passe le mot. Quoique l'on fasse et que l'on dise, peut-on empêcher ces faits d'avoir lieu? Vitruve s'en plaignait déjà de son temps, ainsi que Philibert Delorme, il y a deux cents ans!

On ne peut d'abord pas niveler toutes les intelligences, toutes les aptitudes : celles de même valeur, qui n'ont pas pu être cultivées dans un terrain de même qualité, se sont plus ou moins heureusement épanouies sans qu'on puisse faire un crime personnel aux intelligences moins bien développées. Et d'ailleurs tout le monde ne peut être appelé à construire *un Louvre;* il ne saurait y avoir des monuments ou des édifices à faire pour la masse des architectes existants, parmi lesquels cependant les talents sérieux ne manquent pas, et ne sont pas utilisés.

Un industriel intelligent peut prendre un habile dessinateur d'architecture; — ce pourra être un apprenti d'atelier *débonnaire*, comme on dit à la nouvelle École; ce pourra être un jeune architecte fraîchement diplômé, sans fortune et donnant par nécessité son travail à la journée, ou aux *pièces*. L'industriel habile se procure ainsi des plans et des devis. Ou bien il s'adresse à un véritable architecte, justement en renom; il lui commande des plans, qui, n'étant pas immédiatement suivis d'exécution, devront être payés suivant l'usage, et l'industriel en devient ainsi légitime propriétaire. Il y a même eu, et il y a sans doute encore de soi-disant architectes qui n'agissaient pas et ne font pas autrement dans l'exercice de leur profession : ce sont, pour ainsi dire, des entrepreneurs d'architecture; ils exploitent une très-notable partie des travaux particuliers, qui passent pour de l'architecture aux yeux de bien des gens !

Voilà donc différentes manières de se procurer des plans qui n'ont rien de très-irrégulier, de vraiment répréhensible. L'industriel prend ensuite maçon, charpentier, serrurier, etc., soit à sa solde directe, soit à celle d'entrepreneurs divers, soit comme tâcherons, et il fait exécuter à sa convenance les plans dont il a le droit d'user et d'abuser. Il fait ensuite régler les dépenses par un commis de comptabilité, par un vérificateur; peut-on dire que cet industriel n'a pas rempli, plus ou moins directement, les fonctions d'architecte, que son bâtiment soit pour son usage personnel ou pour la spéculation?

Et le propriétaire instruit, l'ancien élève de l'École polytechnique, de l'École centrale et de toutes les écoles où l'on enseigne l'architecture —(car l'architecture est un mot fort élastique, qui est objet d'enseignement dans bien des établissements publics et privés), — ces individus qui disposent leurs plans et bâtissent eux-mêmes, à leur convenance, à leur goût... peut-on dire qu'ils n sont pas les architectes de leurs œuvres?... Qu'elles soient bonnes ou mauvaises, au goût des autres, là n'est pas la question. M. Trélat lui-même, qui s'est constitué le principal architecte de son École, peut-on dire qu'il n'est pas architecte à sa manière, absolument comme tous ceux qui se disent architectes?

Parlerons-nous des détenteurs de l'autorité publique, dont les architectes, reconnaissants des faveurs qui leur sont accordées, se font les humbles dessinateurs dans quelques œuvres architecturales de l'époque? L'autorité, dans ce cas, ne représente pas seulement le pouvoir public et la communauté payante, elle a la prétention plus ou moins heureuse de représenter aussi le goût du public dont elle administre les deniers et de déterminer à sa convenance personnelle ce que l'on appellera dans l'histoire les besoins de l'époque! L'architecte, placé dans cette position qu'il sollicite ou qu'il accepte, doit se conformer à des décisions qu'il ne saurait enfreindre sous peine de destitution. Ces faits ne sont pas nouveaux, et l'on se rappelle ce qui s'est passé pour Huyot à propos de l'arc de triomphe de l'Étoile, auquel il voulait donner un aspect architectural plus heureux que celui qu'il possède. L'artiste de talent n'a-t-il pas dû se retirer forcément devant une volonté ministérielle, à laquelle les circonstances donnaient une apparence de raison? Si l'architecte garde sa position subalterne, il résigne de fait ses hautes fonctions entre les mains de l'autorité, qui les usurpe et qui peut se dire à bon droit l'architecte réel des monuments et des édifices construits sous sa direction suprême; se réservant de dire qu'elle n'a pas été comprise, si la direction monumentale n'a pas été heureuse dans ses résultats. — C'est encore là un genre d'architectes dont l'existence ne peut être niée.

Si les trois quarts des architectes ont des origines si diverses, d'où vient l'autre quart? où ont-ils pu se former, puisque l'architecture seule n'a pas d'École qui fasse des architectes. On le voit, au lieu d'avoir une seule et unique École spéciale et centrale, qui est le *desideratum* du fondateur de la nouvelle institution, l'architecture naît et se développe en tous lieux, dans tous les sols, sous tous les climats ; seulement elle se ressent toujours des conditions et des circonstances de son développement.

Du moment qu'il y a des fonctions très-diverses à remplir dans l'art et dans la science de l'architecture, et que chacune de ces fonctions particulières peut être absorbante d'une partie notable de l'existence, pourquoi voudrait-on qu'elles soient toutes et toujours remplies par un seul genre d'architecte, qui devrait être un idéal accompli, ce qui est si difficile dans les temps où nous vivons ; aujourd'hui surtout où une scission bien prononcée a eu lieu entre la science qui ne relève que de la raison, et l'art qui ne relève que du sentiment, et cela par l'éducation exclusivement scientifique donnée d'une part aux ingénieurs, et l'éducation essentiellement esthétique réservée d'autre part aux architectes?

Les architectures qu'on appelait jadis maritime, fluviale, navale, militaire, etc., exigent avant tout et presque exclusivement de la science ; ces architectures sont réservées, dans notre état social actuel, aux ingénieurs qui ont même chacun leur spécialité. L'architecture civile, celle des cités, celle de tous leurs monuments et édifices publics ou privés, qui ont besoin d'avoir une forme expressive, un peu conventionnelle parfois, un peu de *mode*, plutôt qu'une autre, constitue le domaine spécial de l'architecture proprement dite ; c'est celle qui est réservée aux architectes véritables, et que n'abordent pas sans conséquences plus ou moins regrettables les ingénieurs de tous genres qui n'ont pas consacré à l'étude des formes esthétiques le temps qu'ils ont donné, selon les facultés spéciales de leur entendement, aux études purement scientifiques et mathématiques surtout.

On a dit avec juste raison [1] que l'instruction supérieure donnée à l'École polytechnique nuisait plutôt qu'elle n'est utile aux jeunes gens qui veulent devenir *ingénieurs civils*, tels que les forme l'École centrale. La haute et forte instruction de l'École centrale doit également nuire à l'art essentiellement esthétique de l'architecture ; aussi ne voit-on que quatre pour cent des élèves de cette École se faire, ou se dire architectes; elle en compte tout au plus soixante-dix sur un personnel actuel de plus de dix-huit cents.

1. Aug. Perdonnet; Notice sur l'Ecole impériale centrale des arts et manufactures.

VII

LA VÉRITABLE ARCHITECTURE DE L'ÉPOQUE DOIT ÊTRE DE LA MÉCANIQUE APPLIQUÉE SUIVANT LA FORMULE

Væ victis!

Le professeur de constructions civiles s'est demandé :

« Comment l'architecte qui a devant lui la nécessité » *permanente* et *difficile* d'utiliser la matière dans ses états » et sous les aspects les plus divers, pour la *modeler* aux » destinations les plus *variées*, les plus *compliquées* et les » plus *imprévues*, resterait-il *étranger à la connaissance* » *des matériaux*, au *traitement raisonné* et *scientifique* de » leurs propriétés?... » (Page 11.)

A part ces singulières agglomérations de mots que nous avons soulignés, est-il possible de donner à croire que l'architecte soit ignorant à tel point! N'est-ce pas pousser gratuitement les suppositions à leur dernière limite! Il peut être bon de faire croire à l'importance du rôle qu'on veut se donner; mais ne pourrait-on s'arrêter à de simples médisances sans inventer des absurdités qui ne méritent pas d'être relevées.

« Pourquoi l'architecte se *condamne-t-il* à l'impuissance » ou à l'infériorité relative que lui peuvent créer des

» professions spéciales devenues habiles dans le manie-
» ment des matériaux? » (Page 12.)

Mais les professions spéciales dont il est ici question, et que le professeur de constructions civiles du Conservatoire des arts et métiers se complaît à confondre avec la véritable profession d'architecte, ce sont celles de la mécanique appliquée qui ne sera jamais l'art architectural. Son idée fixe, c'est qu'en faisant de la *construction civile,* objet confus de son enseignement spécial, avec de la mécanique appliquée, il en sortira une architecture nouvelle. Mais cette prétendue architecture n'existe-t-elle pas, et n'en voit-on pas de nombreux échantillons? L'ingénieur fait un vaste parapluie, un parasol solide, économique, pour abriter un marché; il établit une exposition universelle sous une construction dont le plan, au point de vue du classement, peut être ingénieux; mais qui rappelle au public ce qu'il connaît sous le nom de gazomètre ; jamais donc l'ingénieur, quelque savant qu'il soit, ne donne à ses constructions la tournure et la forme que l'architecte est seul capable de trouver. La construction mécanisée de l'ingénieur est souvent si peu agréable à voir, elle a si peu de charmes qu'elle serait capable de faire prendre en aversion la mécanique elle-même, fort innocente des abus souvent ridicules qu'on en fait, sous prétexte d'architecture !

« Pourquoi, resté comptable de tous les problèmes
» de l'architecture, tomberait-il sous la suprématie con-
» quise par l'ingénieur? »

Que l'on compare avec quelques marchés de Paris, — les Halles centrales entre autres, — l'architecture exhibée et déployée dans les halles de certaines gares de chemins de fer, où il ne s'est pas trouvé quelque architecte dessinateur, exploité et mis en réquisition plus ou moins forcée par un ingénieur, et l'on verra que la *suprématie* de l'ingénieur est une conquête qui laisse beaucoup à désirer ; c'est à tel point qu'on n'aurait certainement pas eu l'idée d'une École privée d'architecture à exploiter, si l'ingénieur mécanicien pouvait traiter l'architecture d'une manière convenable ; cela n'est-il pas de toute évidence ?...

« C'est pourtant la condition que l'architecte s'est » faite au *détriment de l'art*, par la *nullité de son éduca-* » *tion technique !* »

L'architecte ne s'est pas fait cette *condition*, mais il la subit et n'y peut rien. Quant à la prétendue *nullité* de la technique de l'architecte, le directeur de la nouvelle École en a besoin pour une fondation trop personnelle peut-être, qui n'aurait sans cela aucune raison d'être ; c'est pourquoi il proclame cette nullité sur tous les tons dans des brochures prospectus ! Nous apprécierons plus loin la technique architecturale, ce que le professeur de constructions civiles en fait dans son École particulière, et ce qu'il entend enfin par la « POMPE et la PLÉNITUDE » de ses moyens d'instruction.

Si les œuvres qui ont besoin de *formes* n'étaient pas accaparées par des ingénieurs qui les considèrent comme des *ouvrages de mécanique*, les architectes pourraient montrer, comme en maintes autres circonstances, qu'ils possèdent une technique au moins équivalente, en son genre, à celle des ingénieurs. Les coefficients de la forme, artistement sentis et déterminés, sont généralement plus heureux, en architecture, que ceux de plus grande stabilité, *arbitrairement* fixés. Les œuvres des ingénieurs sont en général moins désagréables à voir lorsqu'on y met plus d'art que de science, et c'est le contraire qui a lieu trop souvent.

« Non-seulement *l'art se perd,* non-seulement l'artiste » s'amoindrit et se perd aussi, mais une profession *utile,* » indispensable, *s'appauvrit* et disparaît ! » (Page 13.)

Tout appauvrie, perdue, disparue que soit cette profession utile et indispensable, que verrait-on si les possesseurs de la *suprématie conquise* étaient seuls chargés des constructions civiles de l'époque, déjà si dépourvue de caractère propre, suivant l'affirmation du fondateur de la nouvelle École !

Et c'est l'ingénieur lui-même qui se dévoue pour infuser la technique souveraine dans l'esprit des futurs architectes ! On se demande comment l'ingénieur montre ainsi tant d'abnégation, tant de générosité désintéressée ! Il va donner sa propre technique, l'arme de sa *suprématie* à l'architecte futur ; l'architecte alors en saura, en technique utile, autant que l'ingénieur ! Pourquoi l'ingénieur ne garde-t-il pas pour lui le nouvel art qui doit surgir de la technique mise à la portée des intelligences d'artistes? Pourquoi, lorsqu'il exécute des constructions civiles, ne donne-t-il point des preuves d'originalité, et reste-t-il dans l'ornière des architectes ? Perdre ainsi l'occasion si belle de s'illustrer par des œuvres immortelles qui *réagiraient sur son époque !* c'est faire preuve d'un beau dévouement, d'une grande abnégation !

« L'ingénieur a conquis dans notre époque une large » place par son incontestable habileté à *tirer parti de la* » *matière !* »

Tirer parti de la matière!... Au point de vue mécanique sans doute, et pas toujours; mais au point de vue esthétique, ou de l'art architectural, qu'a-t-il pu faire de la matière qui soit mieux que ce qu'en fait l'architecte que l'on dit dépourvu de technique?

« Ses connaissances variées et *profondes*, ses *efforts in-*
» *cessants* et *renouvelés* l'ont amené à *envahir* une grande
» partie du domaine de l'architecte. » (Page 13.)

Il *renouvelle* ses efforts *incessants!...* — Mais ces efforts ont-ils besoin d'être renouvelés, s'ils sont incessants?... Qui veut trop prouver, prouve moins. — Mais encore pourquoi, partout et toujours, se montre-t-il plus que médiocre au point de vue de *l'art*, que sa nature, que son intelligence d'ingénieur l'empêchent généralement de comprendre? Il a *envahi*, c'est possible, un domaine qui ne peut lui appartenir, mais avec très-peu de gloire, il faut en convenir, et peu d'utilité réelle.

Depuis le commencement du monde, l'art s'est passé de la formule mécanique; il n'a néanmoins pas mal réussi en maintes circonstances, avec la simple et intelligente pratique. Il est douteux que la formule mécanique parvienne jamais à remplacer sa technique naturelle, qui s'appuie sur l'expérience physique bien vue, bien raisonnée, et sur le *sentiment* inné dont il est doué pour tout ce qui frappe l'esprit par les yeux.

« Partout où il y a place pour un monument utile,
» l'ingénieur *intervient*, il est *écouté*, il est *maître légitime*
» par l'étendue même de ses *succès journaliers!*

Bien des gens qui passent pour sensés pensent tout le contraire : car il est sans doute quelques circonstances où l'ingénieur ne peut intervenir ; mais dans tous les cas, son intervention se borne toujours à ce qui peut ressortir de l'exacte et pure raison. Il est *écouté* lorsqu'il y a lieu ; lorsqu'il ne s'agit pas de sentiment, d'élégance, de poésie; il ne peut être *maître légitimé* que dans les cas où il ne s'agit pas exclusivement d'art : ses succès journaliers sont toujours rationnels, résultant de la formule scientifique, jamais ils ne sont artistiques !

« Tous les jours sa place grandit aux dépens de celle » de l'architecte. »

Cependant pas un seul ingénieur civil n'a pu prendre ou conserver la place d'un véritable architecte, pas même pour l'achèvement du Louvre, ni pour la construction de l'Opéra, mis au concours ; ni pour la construction des Halles centrales, bien que les projets d'ingénieurs n'aient pas manqué de se produire ; et ils ont pu être appréciés dans toutes ces circonstances ! Quand l'ingénieur prend la place de l'architecte, il a beau faire, il a beau dire, il ne peut se dépouiller de ses vêtements, de ses allures, de ses expressions, de sa technique d'ingénieur !...

« Tous les jours, le métier habile du constructeur empiète sur l'art délaissé de l'architecte. »

Rien n'est plus vrai ! Le *métier habile* du constructeur se substitue d'une manière déplorable, ce qui caractérise l'époque — on en a des exemples sous les yeux — à l'*art délaissé*, au talent artistique de l'architecte.

Si l'architecte, pour se défendre, s'affuble de la technique de l'ingénieur, en sera-t-il plus apte à lutter contre la haute technique ? Au savant architecte, l'ingénieur opposera un double savant !... Que l'architecte reste donc dans sa nature ; si on lui arrache des plumes pour s'en parer, elles repoussent chez lui, tandis que les plumes d'emprunt et de parade ne tiennent pas indéfiniment !

« Une pareille évolution n'aurait rien d'effrayant, s'il » ne s'agissait que d'un changement de nom dans une » profession. »

Que l'ingénieur s'appelle aujourd'hui architecte, bien qu'il soit sorti ingénieur civil de l'École centrale; que l'architecte emprunte le nom d'ingénieur, cela ne peut rien changer à leur nature intime, à l'étoffe dont ils sont tissés l'un et l'autre : toujours la mécanique appliquée d'un côté, toujours l'esthétique de l'autre !

« Il importerait peu que le titre professionnel de l'ar- » chitecte disparût, si celui de l'ingénieur devait servir » tous les attributs de l'art. » (Page 14.)

Jamais l'ingénieur proprement dit ne pourra servir *aucun* des attributs de l'art ; la nature de son intelligence supérieure s'y oppose ; il ne peut servir les arts que comme instrument intellectuel à renseignements scientifiques, et la preuve la voici donnée par M. Trélat lui-même :

« Jamais le point de vue exclusivement mécanique qui » guide l'ingénieur ne pénétrera le sens de l'œuvre ar- » tistique de l'architecte : toujours, au contraire, il l'en » éloignera. » (Page 14.)

C'est peut-être aller un peu loin ; mais enfin M. Trélat comprend très-bien ici la nature intime de l'ingénieur, nature très-riche qui domine en lui-même, sans qu'il s'en aperçoive peut-être ; qui a présidé à son éducation ; qui constitue en outre, et presque uniquement, l'entourage d'enseignement qu'il s'est choisi pour le seconder dans ses vues. Comment avec cela ne craint-il pas de ne faire que des ingénieurs beaucoup moins forts évidemment que ceux de l'École centrale et de l'École polytechnique; de ne développer, dans une faible mesure, que les facultés techniques des jeunes natures qui répondent à ses pressants appels? Il est vrai qu'il ne pourra faire une sorte d'ingénieurs civils qu'avec les individus capables de le devenir; mais comment ne pas admettre que l'instinct, le sentiment intime des formes et de leurs fonctions, supplée généralement, fort souvent du moins, chez l'artiste ingénieux, aux formules froidement et sèchement calculées de l'ingénieur? — C'est que si l'on a des velléités artistiques, elles se trouvent étouffées par des vigueurs scientifiques qui ont peut-être moins d'attraits, mais qui n'en dominent pas moins les résultats du jugement!

L'art architectural s'exerce et se manifeste par tous les moyens imaginables, sur toutes les échelles, grandes ou petites, avec ou sans pénurie de ressources; l'art met son cachet partout, et l'on voit trop bien malheureusement que l'art manque en tout lieu où l'ingénieur a passé, que ses ouvrages soient de grande ou de petite échelle, de grande ou de petite utilité.

« ... Il serait insensé de considérer ce progrès de l'in-
» génieur constructeur comme un pas fait par l'archi-
» tecture. »

M. Trélat, d'un esprit ordinairement si judicieux, est ici en contradiction avec ses débuts : *insensé*, certainement! mais qui aurait pu revendiquer pour l'architecte la besogne spéciale de l'ingénieur? et qui peut avoir la pensée de considérer la grande mécanique des constructions comme un pas fait par l'architecture?... S'il y avait un pas fait dans un sens, ne serait-il pas plutôt en arrière qu'en avant? Mais il n'y a aucune espèce d'analogie à établir entre les progrès faits dans l'art de l'*utilisation* économique de la matière, et l'art des formes, qui constitue l'architecture proprement dite, qui n'a que faire, assez souvent, des formules de stabilité pure et simple.

Après s'être laissé aller à défigurer et à confondre ainsi, pour les besoins d'une fondation industrielle, tout ce qui concerne la profession d'architecte, le créateur de la nouvelle École va nous exposer le séduisant tableau d'un *Eldorado* de l'enseignement privé de l'architecture !

VIII

BUT D'UNE ÉCOLE NOUVELLE ET COMPARAISON DES MOYENS ANCIENS ET DES MOYENS NOUVEAUX POUR APPRENDRE L'ARCHITECTURE

Fiat lux.

« L'École centrale d'architecture... *prépare complète-*
» *ment* à la profession d'architecte. » (Page 21.)

Si l'on prépare des architectes, ce n'est qu'en développant, avec le concours du temps et des circonstances, les qualités qui constituent l'architecte à divers degrés plus ou moins parfaits, et n'atteignant, certes, jamais la perfection absolue. On ne peut guère les préparer que comme on prépare des poëtes, des musiciens, des peintres et des statuaires !

Qu'est-ce qu'une *préparation*, — *complète* — à une profession ? Une préparation à la chose ne peut être la chose elle-même; donc la nouvelle École ne fera que *préparer* des architectes, et n'en fera conséquemment pas : que devient alors le but final de l'institution, — un *diplôme ?* Ne sera-ce qu'un diplôme de *préparation ?* L'École privée ne fera donc, et dans une certaine limite, que ce qui se faisait partout, sans diplôme, avec moins d'étalage et de prétentions à la perfection !

« En un temps infiniment moins long que celui qui » est aujourd'hui insuffisamment consacré à ce but. »

Il reste à savoir si la précipitation, l'abréviation du temps, l'éclosion à commandement seront des moyens efficaces, surtout en l'*absence complète de pratique* qui ne marche pas de front avec la théorie, comme dans les moyens ordinaires. Mais il est vrai qu'il ne s'agit ici que de *préparer* à la profession d'architecte; reste à savoir ce que pourra être la *préparation complète* dans les systèmes d'éclosion déterminés par les prospectus de l'École.

« A l'atelier débonnaire » ..... Comment la *débonnaireté* peut-elle être reprochable dans l'apprentissage d'une profession qui repose essentiellement sur la passion, sur l'inspiration, sur le goût inné, sur le sentiment de l'art? L'enseignement de l'art doit-il être débonnaire ou autoritaire? L'apprentissage même de l'art doit-il avoir une direction forcée, subir une volonté individuelle, unique, — ou être entièrement libre? — Vaut-il mieux que l'artiste recherche lui-même et sollicite les moyens d'enseignement qui lui conviennent, que de les recevoir formulés, par ordre, et toujours les mêmes?... Quand on sent en soi le feu sacré, peut-on se soumettre à la *raison* d'un seul?...

« A l'atelier débonnaire et *dépourvu* » — dépourvu de quoi? — L'atelier véritable, au contraire, est pourvu de tous les moyens de développements des facultés, et il est en outre bien plus certain dans ses appréciations.

« L'École substitue un enseignement laborieux et at- » trayant. » — Qui autorise à dire qu'on ne travaille pas, quand on en sent l'envie et le besoin, à l'atelier véritable, aussi bien qu'à l'atelier conventionnel d'une école privée?

Si le travail qu'on y exécute n'y plaisait pas par lui-même, s'il n'y était pas *attrayant*, l'atelier prétendu débonnaire serait vide ; les portes n'en sont pas ouvertes et fermées à heures fixes pour l'entrée et pour la sortie ; on y va et on y reste librement. Le nouvel atelier privé est *laborieux* par consigne plus ou moins gênante comme toute consigne ; et si le *casernement* obligatoire de la semaine entière est un *attrait*, dans ce cas, ce genre d'atelier peut se dire attrayant ! On ne saurait lui citer un autre attrait, s'il en a, qui ne soit emprunté à l'atelier débonnaire.

« A l'isolement du maître unique, » ... s'il y a un véritable *maître* unique dans chaque atelier, MAITRE NE RELEVANT QUE DE LUI MÊME, et *non d'un chef directeur et administrateur d'une entreprise industrielle*, il ne faut pas perdre de vue que tous les ateliers de Paris se connaissent, tous les vrais et bons élèves se fréquentent, se rencontrent dans les bibliothèques, dans les cours publics, dans les expositions publiques et privées, et dans la pratique essentielle, préparatoire et si variée des chantiers publics et particuliers. Les élèves se visitent d'un atelier à l'autre, et ces ateliers étant essentiellement indépendants les uns des autres, les élèves n'en apprécient que mieux ce qui s'y passe et ce qui s'y fait ; ils n'obéissent que mieux aussi à leur nature, à leurs inspirations.

Les élèves libres connaissent et apprécient non-seulement leurs maîtres particuliers, mais encore tous les maîtres, toutes les opinions et les goûts des maîtres qui ne sont pas les leurs ; ils peuvent, à leur simple convenance, sans l'avis ou l'autorisation d'un régent unique, ou directeur général réputé naturellement *infaillible*, changer de maître si bon leur semble, et en changer aussi souvent qu'ils veulent, se disant alors élèves de plusieurs maîtres *réellement choisis par eux !*

Au lieu de cela, l'École nouvelle, l'École privée, la nouvelle *École centrale* d'architecture n'offre qu'une prétendue liberté avec des élèves qui ne sont libres que de nom. On ne donne, en effet, à l'élève, dans cette spéculation industrielle, qu'un simple choix restreint à *deux* maîtres; et encore ces maîtres sont-ils avant tout du choix personnel du directeur-fondateur, et tenus de se conformer à l'unité exclusive et arbitraire de la direction, à son esprit, à ses convenances, à ses principes, à ses manières de voir, de dire et de penser, sous peine d'être déclarés incapables, et de ne pouvoir rester plus longtemps à ses côtés! Il faut que tous les esprits fonctionnent comme celui d'une direction autocratique ; et dans ce prétendu *libre* choix si restreint de l'élève. celui-ci ne peut se soustraire à l'obligation de plaire au maître et au directeur du maître, sous peine d'un mauvais classement, sous peine de devenir finalement *fruit sec* ; car les maîtres imposés au choix, après avoir été choisis eux-mêmes, seront peut-être examinateurs et jurés dans les concours, s'il plaît au directeur! Mais attendons la fin de toute cette organisation ; nous verrons plus tard que le verdict du jury n'engage en rien la direction suprême; le jury n'a que voix consultative, tant l'univers entier serait sujet à l'erreur devant l'infaillibilité du réformateur!

« Elle ajoute le nombre des chaires. »

Le nombre et la variété des chaires publiques, des bibliothèques, ouvertes le jour et le soir, est incomparablement supérieur à tout ce qu'une école privée peut offrir de *morcelé, d'écourté*, d'incomplet; ce nombre de chaires est plus fait ici pour l'*enseigne* que pour l'enseignement réellement utile. Si l'on offre le nombre des chaires, en a-t-on les qualités, au moyen d'un écourtement systématique et obligé de toutes choses, et surtout en *l'absence complète de toute coordination délibérée et mûrement réfléchie ?...*

« La variété des exercices, la concurrence incessante » des actions les plus diverses sur l'esprit de la jeu- » nesse. »

Exercices, concurrence, émulation, tout cela existe, avec un large enseignement mutuel, sans qu'on s'en soit sans doute aperçu, en plein soleil, en pleins chantiers, et en pleine liberté des ateliers libres et officiels!

Nous reviendrons ultérieurement sur les chaires et les programmes de l'École réformatrice en les comparant à ce qui leur a servi de modèle; et nous ferons apprécier à sa juste valeur cette prétention à une grande perfection qui laisse tant à désirer!

IX

BASES DE L'ENSEIGNEMENT ARCHITECTURAL D'UNE NOUVELLE ÉCOLE PRIVÉE

« L'enseignement architectural dérive de trois ordres » d'idées... 1° une suite de connaissances positives qui » constituent la science technique de l'architecte, *con- » quête toute moderne.* » (Page 22.)

Le fondateur de la nouvelle École ne s'égare-t-il pas sous l'influence du mirage qui le séduit et l'entraîne, et qu'il doit à sa première éducation; ne prend-il pas la science très-vaste et toute moderne des ingénieurs spéciaux, pour celle des architectes, aussi ancienne certainement que les plus vieilles civilisations, mais qui n'a pas besoin, tant s'en faut, d'être aussi étendue que celle des ingénieurs?

Quel est le *positivisme* de cette *conquête toute moderne?...* L'architecture était-elle donc jusqu'à ce jour dépourvue d'une technique? Était-ce un empirisme aveugle et marchant toujours au hasard? Dans l'antiquité, comme dans tous les temps modernes jusqu'à la révolution française, l'architecte était cependant le savant, l'ingénieur *de fait,* aujourd'hui remplacé par l'ingénieur moderne dans certaines spécialités, nées de l'avancement progressif des sciences, — qui s'occupait de tous les genres de bâtiments et de constructions quelconques; et il n'avait pas, suivant le professeur de constructions civiles, il n'avait pas de technique, — *conquête toute moderne!!*

Il faut reconnaître qu'il y a eu de tout temps des architectes ignorants, fort peu à la hauteur de la mission qu'on leur donne ou qu'ils se donnent, et qu'il y en aura probablement toujours; comme il y a des ingénieurs civils fort peu instruits, usurpant leur titre avec aplomb, même parmi ceux qui font partie de la société des ingénieurs civils. Mais l'exception, quelque considérable qu'elle puisse être, l'abus même, ne peuvent constituer la règle; et dire que l'architecture n'a pas de technique pour cette raison que la science utile, nécessaire à l'architecte, est une conquête moderne, n'est-ce pas avancer un fait inexact pour le besoin d'une cause dans laquelle on est trop personnellement engagé?...

« De compliqué, d'incertain, de lent qu'il était, *le procédé* de construction est devenu simple, sûr, expéditif. »

Ne dirait-on pas que l'auteur de ces lignes, bien que professeur de constructions civiles au Conservatoire des arts et métiers, — ne sait rien ou ne veut rien voir de tout ce qui s'est passé avant lui, en pratique des constructions?

Comment *le procédé* de construction est-il devenu *simple*, *sûr*, *expéditif*, de compliqué, d'incertain, de lent qu'il était?.. Qu'entend-on par LE PROCÉDÉ *de construction?* Il y a eu et il y a encore mille procédés de constructions et non pas un procédé; voyez l'histoire de l'architecture à ce point de vue, dans tous les temps et chez tous les peuples. Mais *le procédé* de construction simple, sûr, expéditif, c'est celui de l'ingénieur constructeur, de l'*ingénieur mécanicien*, que le fondateur de l'École réformatrice, dans son erreur constante, confond toujours avec les procédés nombreux et ingénieux de l'architecture!

« D'empirique et d'approximatif, il s'est fait positif et » rationnel, c'est-à-dire susceptible d'exposition méthodique et raisonnée. » (Page 22.)

Comment *un procédé*, parce qu'il est susceptible d'exposition méthodique et raisonnée, peut-il remplacer l'empirique et l'approximatif, qui peuvent être tout aussi méthodiques et raisonnés, quand rien n'est *absolument* certain dans la construction ; quand tout dépend des circonstances matérielles et locales, du mode d'exécution, de l'expérience, des soins et de l'intelligence du constructeur et de ses aides ! — Tous les procédés, et non pas un procédé, ne sont-ils pas susceptibles d'exposition raisonnée?

Les vérités proclamées par Vitruve, il y a deux mille ans, et admises jusqu'à ce jour, ne seraient-elles plus exactes, depuis les conquêtes scientifiques faites par les ingénieurs civils, conquêtes que voudrait exploiter à son profit, nominalement au moins, une nouvelle école! Vitruve disait : « Joindre l'art du dessin à tous les raisonnements » théoriques (*ratiocinatio*) ne mène à rien de solide; on » n'a dans ce cas que *l'ombre* de ce que l'on poursuit. Il » n'y a que la pratique (*fabrica*), jointe à la théorie raisonnée (*ratiocinatio*), qui peut amener la réussite; » quand on a la pratique et la théorie, on possède tout ce » qui est nécessaire pour atteindre la perfection dans » l'art architectural. »

Est-ce dans l'intérieur d'une école privée, cloîtrée et

SANS PRATIQUE, avec l'exposition méthodique *d'un procédé* de construction, du procédé, particularisé par le professeur de constructions civiles au Conservatoire des arts et métiers, qu'on peut devenir architecte?

« Voilà la première force nouvelle dont il faut doter » l'architecte. »

L'architecte n'est qu'un individu inerte, tant qu'il n'est pas *doté* de cette *force nouvelle*; sans cela il reste un corps sans âme!

Une telle assertion ne peut être émise et partagée que par les personnes qui ne savent pas ce qu'est l'architecture, ou qui la considèrent à un point de vue exclusif, et de pure spéculation industrielle; ou qui la confondent enfin avec les ouvrages d'art et de science des ingénieurs spéciaux.

Cette première force nouvelle dont il faut doter l'architecte n'est qu'une hallucination. L'architecte, en effet, possède plus ou moins sa technique qui n'est pas une science toute fraîche éclose. Comme nous le disons ci-dessus, il n'y a pas qu'un procédé de construction; il y en a une infinité qui ne sont pas toujours si simples qu'on pourrait le supposer en théorie; la pratique, en un mot, ne peut se remplacer par une *exposition*, quelque méthodique et raisonnée qu'elle puisse être!

2° L'enseignement architectural de l'École réformatrice « conduit et élève l'intelligence de l'artiste jusqu'à » l'appréciation du but que poursuit l'art, jusqu'à la mesure du cadre qui appartient à l'architecture, jusqu'à la » fixation du problème architectural, jusqu'au développement de son mode d'expression. — C'est la doctrine » directrice de l'art, qui s'expose ainsi, en découvrant les

» légitimes horizons où doit se mouvoir la passion con-
» vaincue de l'artiste. » (Page 22.)

Le fondateur de la nouvelle École s'est montré habile, comme on le voit, à manier le style oratoire, qui a déterminé le groupement des capitaux : l'École et les méthodes particulières de son directeur feront tout simplement des hommes de génie, d'une science et d'un talent transcendants, d'un goût irréprochable! on peut entrer en toute confiance et sur la foi de prospectus d'une clarté et d'une précision si merveilleuses!... Nous le disons encore, si l'on voit jamais des architectes habiles sortir d'une telle organisation, c'est que les natures richement douées résisteront heureusement et arriveront quand même.

Quel est le but que poursuit l'art, selon cette École? On ne le définit nulle part ; quel est le *cadre* qui appartient à l'architecture? n'y a-t-il qu'un cadre, comme il n'y a qu'un procédé de construction? Quelle autorité a-t-on pour déterminer ce cadre, ou bien n'est-ce que le cadre unique d'une architecture individuelle? Qu'entend-on par problème architectural? Cette École doit avoir aussi son problème, comme elle a son cadre et son procédé de construction, sa technique particulière et d'invention moderne!

Les peuples qui nous ont précédés avaient-ils *un* cadre, avaient-ils *un* problème, avaient-ils *un* procédé, ou en avaient-ils plusieurs, tous différents entre eux? En quoi ceux de notre temps diffèrent-ils? Qu'entend-on par le développement de son mode d'expression? N'aura-t-on qu'un seul mode d'expression? comme un seul procédé de construction? Il n'y a guère que cet enseignement lui-même et ses méthodes, lorsqu'ils auront porté leurs fruits, qui pourront édifier sur toutes ces choses : suivre ces prospectus, c'est donc marcher vers un inconnu qui ne pourra être que tout personnel, très-exclusif, attendu les anathèmes connus et répétés contre tous les sentiers frayés et suivis antérieurement, et qui, heureusement, sont loin d'être abandonnés !

Le second ordre d'idées, concourant au même but, reste donc dans le vague, dans l'*indéterminé*; si l'on parvient à le dégager, ce qui n'est pas facile, avec qui sera-t-on d'accord? avec soi seul certainement, puisqu'on est seul de son parti engagé dans la lice ! Dégagez donc l'*inconnue* et l'on pourra apprécier alors cette *doctrine directrice de l'art*, — doctrine qui *doit illuminer* la passion *convaincue* de l'artiste, convaincue sans doute par un *Directeur*; mais convaincue de quoi?... Passion qui doit se mouvoir dans ces légitimes horizons enfin découverts, et restés inaperçus jusqu'à ce jour!... Ni l'Égypte, ni la Grèce, ni Rome, ni le moyen âge, ni les modernes, personne n'a rien vu, rien compris, rien aperçu de ces horizons nouveaux, de ce cadre, de ce problème et de son mode d'expression ! L'artiste n'a jamais eu la bonne chance d'être bien conduit, bien guidé, bien dirigé ; son intelligence n'a jamais été bien éduquée, dans aucun temps, dans aucun lieu; sa passion n'a jamais été convaincue à ce point d'apercevoir le plus simple horizon des « *choses de la forme !...* »

« 3° Enfin, il procède à son assimilation par l'exercice » des applications. »

Ce troisième ordre d'idées qui complète la synthèse d'un nouvel enseignement architectural est toujours dans le même vague ! — Il *procède à l'assimilation* de quoi ?... De lui-même enseignement ?... Par l'exercice de quelles applications ?... Est-ce l'assimilation de l'enseignement par les applications de l'enseignement qui constitue le troisième ordre d'idées dudit enseignement ?... Nous allons voir la traduction de cette pensée :

« De ces trois branches de l'enseignement la dernière » tient le premier rang par le temps qu'elle exige. La com- » position et le dessin, qui en est le moyen, constituent » cet exercice ; ils se concentrent à l'*atelier* qui reste » ainsi le pivot autour duquel rayonnent les études. » (Page 23.)

Voilà l'explication demandée ; la troisième branche de l'enseignement de la nouvelle École exige le plus de temps. L'exercice des applications qui doit amener l'assimilation des deux premiers ordres d'idées, repose sur la composition dont le moyen est le dessin. Composition et dessin se concentrent à l'*atelier*, —*pivot* autour duquel *rayonnent* les études ! A entendre cette dernière phrase on pourrait croire que les études rayonnent de l'atelier ; on a sans doute voulu dire qu'elles y *convergent*, comme résultats, pour l'utilité de la composition : ou bien les études rayonneraient de la circonférence vers le centre !...

Mais du même coup, voilà la technique bien amoindrie ! La troisième branche de l'enseignement architectural, parce qu'elle exige les plus longues études, devient la plus importante ! la composition par le dessin est maintenant d'une importance supérieure à l'enseignement des chaires à démonstrations méthodiques et raisonnées, dispensatrices de la technique architecturale d'invention moderne !

Vitruve aurait donc eu tort de dire : « Étudier l'archi- » tecture par le seul exercice de la main, quelque temps » que l'on consacre à ce travail ; joindre l'art du dessin à » tous les raisonnements théoriques, etc., on n'a dans » ce cas que l'ombre de ce que l'on poursuit ! » Si l'on consultait Vitruve, il serait donc d'avis que la nouvelle École ne pourra donner que l'ombre de ce qu'elle promet ; mais Vitruve n'avait pas idée de la conquête toute moderne qui annule tous les procédés anciens !

« Il faut que l'architecte ait dans son crayon une res- » source qui ne le secondera jamais assez. » (Page 23.)

Le dessin est bien certainement l'un des pivots essentiels de l'art architectural ; dessin d'une part, construction d'autre part ; sans l'un, ou sans l'autre, l'architecte est incomplet, et pour ainsi dire impossible. La nouvelle École indique l'utilité réelle du dessin, mais elle est complétement muette pour tout ce qui est *expérience pratique,* pour laquelle elle semble n'avoir qu'un profond dédain !

« Le dessin est attrayant en lui-même. »

Mais ce n'est qu'en raison des aptitudes individuelles qui se manifestent à divers degrés dans la création et l'expression des formes. Le dessin n'est pas attrayant pour qui n'est pas né dessinateur : que d'ingénieurs très-savants ne savent et ne peuvent dessiner qu'avec difficulté ! Et d'un autre côté, que de beaux dessins l'on peut faire d'une mauvaise ou détestable architecture !

En tant que *moyen* graphique, le dessin doit s'apprendre avant toutes choses ; c'est comme l'écriture dans l'enseignement général. Le dessin doit naturellement précéder et être indépendant de toute étude spéciale d'architecture proprement dite. En étudiant l'architecture, on applique la faculté préalablement existante et développée du dessin, qui se perfectionne ensuite naturellement par l'étude même de l'architecture, dans ses dispositions, sa constitution, son ornementation.

Mais, il faut le reconnaître, il peut être dangereux d'attacher au dessin seulement une importance plus grande qu'elle ne doit avoir; il peut faire passer des *imagiers* habiles pour de véritables architectes, ce qui ne se voit déjà que trop souvent ! ce qui amène des erreurs parfois regrettables!

En résumé, la nouvelle École a donné trois points d'appui à son enseignement : 1° une *technique moderne;* 2° une *doctrine directrice*, constituant la théorie spéciale et la méthode particularisée du directeur fondateur; 3° enfin une *assimilation* ou *traduction* de la *technique moderne* et de la *théorie directrice,* au moyen du *dessin d'atelier*.

Données physiques et mathématiques, doctrinalement et théoriquement enseignées; puis *rendus* de la technique et de la théorie au moyen des procédés graphiques : telle est l'organisation de cette école privée, soustraite à tout contact, à toute influence extérieure, où toute étude *pratique* est formellement et systématiquement tenue à l'écart !

Comme nous l'avons déjà dit, nous reviendrons plus tard aux programmes spéciaux des études, lorsque nous les comparerons à ce qui leur a servi de modèle, à ceux de l'École centrale des arts et manufactures. (*Voir l'appendice.*)

X

TROIS ANNÉES DE L'ÉCOLE PRIVÉE SUFFISENT POUR ÊTRE DIPLOMÉ DANS L'ART QUI ÉTAIT NAGUÈRE ET QUI EST ENCORE SI LONG A APPRENDRE

On connaît un vieux proverbe qui dit : Il faut forger pour devenir forgeron ; on pourrait en conclure que, pour devenir architecte, il faut faire de l'architecture, et pour apprendre l'architecture aux autres, il est utile de la savoir et de l'avoir pratiquée soi-même ; or, comme l'architecture ne se fait pas sans construction, on pourrait encore croire qu'il faut mener de front l'étude pratique et raisonnée de la construction et celle de l'architecture, qui ne peut rigoureusement naître que de la construction, à laquelle elle emprunte la plupart de ses *motifs* et sa raison d'être; c'est là une erreur sans doute. Dans la nouvelle École privée, *on se passe complétement de pratique :* il suffit que LE PROCÉDÉ soit exposé avec un art méthodique; la pratique s'y remplace donc absolument, et avec un avantage économique, par LA MÉTHODE, et par une très-légère dose de la science des ingénieurs : tel est le procédé qui constitue la découverte moderne et qui fait la base du nouvel enseignement.

« L'enseignement est réglé de la manière suivante :
» Les études durent normalement trois années. »
(Page 25.)

Ainsi, trois années d'études à la nouvelle École privée suffisent pour apprendre et posséder la profession qui exige le plus d'expérience pratique jointe à de bons raisonnements. Trois années pour apprendre à composer, disposer, dresser des plans, coupes et élévations de tous les édifices et monuments quelconques; pour savoir étudier et agencer tous les détails; pour savoir mettre pratiquement à contribution toutes les sciences, tous les arts, toutes les industries, tous les produits, toutes les découvertes anciennes et modernes; pour formuler, mesurer, calculer, estimer, décrire; pour conduire, inspecter, diriger; pour administrer, gouverner et régler juridiquement!... On acquiert tout cela en trois années de l'École nouvelle, ce qui est certes un résultat aussi séduisant que merveilleux!!!

« La première année d'études met en tête des cours
» les chaires de théories scientifiques. »

On étudiera donc un art essentiellement pratique, matériel, ou du moins parlant aux sens par la matière, en commençant par les théories des sciences qui peuvent s'y rattacher, et à l'exclusion de toute pratique. C'est comme si l'on enseignait l'art musical en commençant par la théorie des sons. Ainsi, dès la première année de l'école, on demande aux élèves des détails de construction dont aucun mot pratique ne leur a été dit dans les chaires de théories scientifiques!... Tous les moyens sont bons lorsqu'ils réussissent; mais il pourra être utile d'avoir beaucoup de pratique, avant d'entrer à cette École, afin de pouvoir mieux mettre à profit l'enseignement qu'on y donne ; et la masse des choses à apprendre, quand on en sortira, ne sera pas peu considérable !

« Les élèves sont stimulés et attachés *à leur œuvre* par » une série d'épreuves qui cotent journellement leur va- » leur personnelle et relative, à l'aide d'examens indivi- » duels qui se perpétuent pendant tout le cours de l'an- » née sur chaque branche de l'enseignement, et qui se » résument dans les examens généraux de fin d'année. » (Page 26.)

On conçoit que l'on puisse être *attaché à son œuvre* quand on sent qu'elle est réussie; mais dans le cas contraire, peut-on s'y attacher?...

La faculté purement scientifique, reflétant et s'assimilant plus ou moins vite, plus ou moins complétement, tout ce qui est mathématique, est-elle comparable et compatible avec la faculté purement esthétique, s'assimilant et fécondant tout ce qui est du domaine de la forme plastique :— l'une dépendant de l'esprit, l'autre du cœur et de l'âme ou du sentiment ?... Peut-on, en un mot, *coter l'art* comme on cote la science ? Si on peut le faire, ces deux cotes peuvent-elles entrer en ligne ? Si l'on pouvait utilement doubler l'ingénieur d'un artiste, ou doubler l'artiste d'un ingénieur, les écoles spéciales qui développent aujourd'hui SÉPARÉMENT les uns et les autres n'auraient pas dû être *séparées* de fait, comme elles le sont depuis la fin du siècle dernier.

Les élèves sont donc journellement et annuellement cotés :

« ... 2° A l'aide de conférences sur les projets toujours » accompagnés *par* des mémoires qui font naître et dé-

» velopper chez l'élève l'aptitude à exposer ses idées se-» lon la nécessité qu'il rencontre continuement dans sa » profession. » (Page 27.)

L'aptitude dont il est ici question peut se développer, si elle existe en germe; mais peut-elle *naître* par le seul fait d'un exercice plus ou moins facile? Ne peut-on pas rencontrer des hommes excellents artistes, réunissant toutes les aptitudes pour faire les meilleurs architectes, mais ne pouvant rendre par écrit, ou en paroles, les idées qu'ils expriment si judicieusement, si clairement. si finement, si éloquemment en dessin, et sur la matière elle-même, à laquelle ils donnent la vie! Un excellent artiste, mal coté comme écrivain ou comme orateur, pourra donc sortir avec un rang médiocre ou mauvais! Il pourra être primé par la faconde loquace ou écrivante; il ne pourra devenir, dans ce cas, que l'aide ou le commis du bon écrivain et du beau parleur[1]; il ne sera pas admis à dire tout simplement aux dispensateurs des travaux d'architecture : ce que celui-là vous dit, sans pouvoir le bien faire, je le fais sans savoir le dire.

« Pendant l'année, l'École prend des dispositions pour » ouvrir aux élèves les chantiers des édifices dont la cons-» truction présente un intérêt à l'enseignement. » (Page 28.)

Ces dispositions sont restées à l'état de programme, car il est à remarquer que, dans la première année d'existence de cette École, les élèves ont dû se passer du bénéfice promis de l'ouverture des chantiers : aucune *disposition* n'ayant été prise *pour ouvrir aux élèves* les

1. Il y a déjà bien assez d'exemples de ce genre d'exploitation!

chantiers des édifices *dont la construction* aurait pu *présenter un intérêt* à l'enseignement, — il faut en conclure que pas un seul chantier à Paris, en 1866, n'a présenté aux yeux du directeur fondateur le moindre intérêt pour l'enseignement spécial de son École. On y a suppléé par l'enseignement verbal et théorique des chaires.

Et que peut-on entendre par : l'*École* prend des dispositions... L'École, n'est-ce pas, comme nous le verrons ci-après, le directeur fondateur, qui juge comme bon lui semble de toutes les opportunités?...

Voici maintenant quelles seront les capacités qui mériteront le diplôme de la direction et de quelle manière ce diplôme pourra être obtenu.

« A la fin des études, l'École *décerne* aux élèves sortis » vainqueurs *du concours général*, un diplôme qui constate » leurs capacités d'architecte. » (Page 28.)

Qu'est-ce donc que le *concours général* qui doit procurer aux *élèves vainqueurs*, un DIPLOME *constatant leurs capacités* d'architecte?... Vainqueurs de quoi, dans un concours de quoi?... Qu'entend-on ensuite par : *capacités d'architecte* méritant un diplôme? Nous aurons à revenir sur cette organisation du diplôme, lorsque nous la comparerons à ce qui existe à l'École centrale des arts et manufactures, qui a servi de modèle à cette autre École centrale. — (*Voir l'appendice.*)

Dans un autre endroit des prospectus de l'École, c'est une *préparation à la profession* d'architecte que l'École avait en vue : ici l'organisation et les prospectus sont en progrès ; on constate chez *les vainqueurs du concours* leurs capacités d'architecte !

Les architectes de la nouvelle École centrale seront plus heureux dans le choix de leur profession que tous les autres genres d'étudiants. A l'École polytechnique, fortes études pour y entrer; travail excessif pour s'y maintenir et pour en sortir avantageusement après deux ans; on y apprend tout, même l'architecture, doublée d'une forte technique, quoique l'on n'y gagne aucun diplôme. Le meilleur des polytechniciens, bien qu'il ait appris l'architecture, n'est apte, à sa sortie dans les meilleurs rangs, qu'à entrer à l'École des ponts et chaussées ou des mines, ou dans les autres écoles d'application; il n'arrive au titre breveté d'ingénieur des ponts ou des mines, ou d'ingénieur militaire, etc., qu'après de nouvelles études spéciales, et il passera par les degrés inférieurs d'une hiérarchie qui ne gagne ses titres ou ses grades que dans la *pratique* : l'ingénieur des ponts n'a pas à s'occuper d'art architectural proprement dit ; il fait avant tout des travaux scientifiquement utiles; il appartient à un corps dont la science est une sorte de propriété, de bien commun, et où les membres sont presque solidaires des œuvres de chacun : hiérarchie éminemment savante, sans responsabilité matérielle dans ses actes, suffisamment couverts par la science acquise et justifiée. Et d'ailleurs comme c'est l'État qui fait lui-même ses ingénieurs, c'est l'État qui est responsable de leurs fautes ;— on en verrait peut-être moins, s'il en était autrement!...

L'élève en médecine apprend toutes les sciences physiques, chimiques, mathématiques même, poussées à un assez haut degré, mais moins élevé que le degré de l'ingénieur. Il joint à cela l'étude des sciences naturelles. Pour étayer ensuite son art particulier qu'il ne peut apprendre qu'au moyen de plusieurs années d'école spéciale, il est tenu de faire un stage de *pratique* dans les hôpitaux. Ce n'est qu'après de nombreux examens, après des années d'étude et de pratique réelle, qu'il reçoit, *d'un corps médical enseignant,* et non d'un simple directeur d'établissement privé, le diplôme de médecin, qui lui donne le droit d'exercer la médecine : la société est sûrement garantie par ces mesures sages et prudentes.

L'avocat doit être, avant tout, bachelier pour pouvoir suivre les cours de *droit* pendant plusieurs années. Il est ensuite astreint à faire un *stage,* c'est-à-dire à *pratiquer,* avant de pouvoir faire usage de ses connaissances acquises, en un lieu quelconque de son choix; avant de pouvoir se servir d'un titre qui lui confère un privilége dépourvu de responsabilité, comme celui de médecin; et ce diplôme d'avocat, il l'a également reçu *d'un corps de jurisconsultes enseignants.*

Trois simples années d'études à cette nouvelle École sont donc une invention économique pour l'acquisition diplômée d'une carrière spéciale, surtout si on la compare à celles que nous avons énumérées.

A ce titre diplômé, décerné par le directeur d'une seconde École centrale, se rattache donc un privilége d'exemption de tout service, de tout apprentissage sur les chantiers d'exécution des travaux, correspondant à l'internat ou externat des hôpitaux, pour les médecins, chirurgiens, pharmaciens; et au stage dans la pratique des tribunaux pour les avocats, avoués, agréés, etc. — N'est-il pas évident qu'il faut avoir une bien faible idée de ce qu'est l'art et la pratique de l'architecture pour se permettre de tenir un pareil langage, pour faire de telles promesses!

« Tout élève ayant *parfait* les trois années *d'études* » *normales*, et n'ayant pas obtenu le diplôme à sa sortie, » est de droit admis aux concours des années suivantes. » (Page 28.)

Qu'entend-on par études *normales* et *parfaites?* Elles ne peuvent être, d'après l'organisation de cette nouvelle École centrale, que les études ordonnées par le directeur, *interprétées* et *appréciées* par lui seul!... Études normales et parfaites, — c'est un *nec plus ultra* qu'on aurait en vain cherché jusqu'à ce jour, mais que *l'expérience* du professeur de constructions civiles va pouvoir enfin réaliser!

Pour retourner aux concours de l'École, l'aspirant désarçonné devra néanmoins se fortifier au dehors, afin de pouvoir revenir tenter à nouveau l'obtention du diplôme, but final du nouvel enseignement. Cette dernière mesure est imitée, à la lettre, de celle de l'École centrale en faveur des *capacités* non admises au diplôme d'ingénieur civil. Mais comment expliquer qu'ayant *parfait*, parachevé, sans doute, des études *normales* pendant trois ans, on puisse ne pas obtenir le diplôme d'aptitude à remplir la profession d'architecte?...

« Tout élève que *sa tenue* et sa capacité auront suffi- » samment classé, mais qui n'aurait pu *parfaire* les » épreuves des trois années d'études normales, *pourra* » être *autorisé* à prolonger son séjour à l'École. » (Page 28.)

Il pourra être *autorisé* et admis à payer indéfiniment une pension de 850 francs. Le prolongement de séjour à l'École finirait par être fort coûteux. L'élève qui n'y aurait pas réussi complétement, au désir et suivant l'appréciation du directeur, aurait peut-être plus de chance en changeant de milieu et en prenant une méthode plus à portée de son intelligence et de ses aptitudes ; mais ici, on comprend que n'ayant pu *parfaire* au programme de cette École, il soit ajourné, et admis, par faveur spéciale, à payer une quatrième année et plus, pour obtenir le précieux diplôme d'aptitude institué et accordé par l'établissement nouveau !

XI

VALEUR ÉCONOMIQUE DU DIPLOME DE LA NOUVELLE ÉCOLE CENTRALE AVANTAGES RÉCIPROQUES DE L'ENTREPRISE ET DU DIPLOMÉ

« Au point de vue économique, on peut mesurer par » un chiffre les avantages qu'un étudiant architecte » trouvera dans l'École. Une pension de 850 francs re- » présente une dépense de 2,550 francs pour les trois » années. Il n'y a pas aujourd'hui d'instruction archi- » tecturale, quelque *maigre* qu'elle soit, qui n'exige dans » ses *six*, *huit* ou *dix* années d'atelier, au milieu de tous » les tâtonnements qu'elle comporte, une *charge* de fa- » mille beaucoup plus considérable. » (Page 28.)

Un diplôme d'architecte de capacité constatée pour 2,550 francs, peut paraître une bonne affaire pour celui qui le propose, comme pour celui qui accepte de confiance la proposition : mais les 2,550 francs ne payent que l'admission à l'École, et non pas les fournitures, la vie, le logement et l'entretien, à Paris, qui ne sauraient être moindres de 3,600 fr.; c'est donc un *minimum* de 6,150 francs que coûtera le diplôme d'aptitude constatée, et cela à un âge où l'aspirant au diplôme aura déjà beaucoup coûté à sa famille !

Par les voies et moyens ordinaires l'instruction architecturale est d'un prix infiniment moins élevé, quoi qu'en disent les prospectus de cette École ; car les élèves architectes peuvent, en général, rendre des services lucratifs à la fois pour eux et pour d'autres, tout en poursuivant le cours de leurs études spéciales dans les ateliers *gratuits*, entre autres dans ceux de l'École spéciale des beaux-arts, et en la dirigeant avec intelligence, à mesure que leurs aptitudes se développent, dans un sens ou dans un autre.

D'après les chiffres fixés par le fondateur directeur de cette nouvelle École centrale, la profession d'architecte serait donc une charge un peu plus lourde pour les familles que celle d'ingénieur civil. En effet, la première est fixée, par les prospectus de cette École, à 2,550 francs de droit d'admission, tandis que la seconde, celle d'ingénieur civil, ne coûte que 2,400 francs, c'est-à-dire 150 francs de moins.

Les hautes sciences physiques et mathématiques, dans l'ensemble complet de leurs applications à l'industrie générale, coûtent moins cher à acquérir que l'art architectural, accompagné de sa technique modernisée, le tout dispensé par des méthodes nouvelles, récemment découvertes !...

« En se fondant, l'École centrale d'architecture a la » bonne fortune de ne léser aucun droit, de ne blesser » aucun intérêt, de n'éveiller aucune susceptibilité. » (Page 30.)

Les prospectus émettent ces assertions pleines de

prud'homie, probablement pour qu'elles soient crues sur simple affirmation; mais tout le monde ne semble pas avoir partagé et approuvé ces idées de bonne fortune. En effet, la nouvelle École *semble*, au moins, avoir usurpé le nom si bien connu de l'*École centrale* pour détourner, peut-on croire, à son profit, « au moyen de capitaux in» telligemment groupés, » une partie de la clientèle de cette École, dont les élèves sont animés d'un si légitime esprit de corps; elle semble lui porter atteinte par des programmes d'admission incomparablement plus faciles, des exercices plus aisés et jusqu'à un certain point plus attrayants; et finalement, un diplôme qui a une grande *similitude* avec celui de l'*École centrale*, lequel est incomparablement plus difficile à obtenir.

Et de plus, le *diplômé* de l'École nouvelle aura le droit incontestable de se dire architecte ingénieur, puisqu'il possédera une technique moderne, qui passera pour la quintessence utilitaire de celle des ingénieurs; et il pourra le dire avec plus de raison que les diplômés de l'École centrale n'en ont jamais eu pour se dire ingénieurs architectes, attendu que l'architecture n'est pas ce qui peut être le plus largement enseigné ou le mieux étudié à l'École centrale.

Ce qui, en effet, nuisait à l'ingénieur civil, c'était la pénurie de son instruction architecturale, de ses ressources, de ses moyens artistiques. Il laissait à côté de lui, quoi qu'on en ait pu dire, une place légitime au véritable architecte, place assez difficile à usurper; aujourd'hui l'architecte sorti de cette École privée sera presque l'égal de l'ingénieur civil, grâce au moins à son diplôme d'École scientifique, et il pourra ne laisser à côté de lui aucune place pour l'ingénieur civil ; l'architecte diplômé sera pourvu du jargon scientifique et formulaire de l'ingénieur : il saura faire TRAVAILLER MÉCANIQUEMENT LA MATIÈRE !...

Et pourquoi, par toutes ces raisons, l'École centrale n'aurait-elle pas eu le droit de s'émouvoir?... Mais cela s'appelle, dans les prospectus, ne *léser aucun droit*, ne *blesser aucun intérêt*, n'*éveiller aucune susceptibilité*. N'eût-il pas mieux valu ne rien dire de semblable?...

« Dans le grand domaine de l'art, où tant de convic-
» tions respectables et passionnées se rencontrent, sa
» place est libre, elle la prend ! »

N'aurait-elle pas pu la prendre sans dénigrer outre mesure le personnel entier des architectes que le fondateur de l'établissement appelle *ignorants et sans vergogne?...* Elle trouve la place libre, dit-on, et on a eu soin de certifier d'abord qu'on n'apprend rien en *dix ans* à l'atelier *débonnaire !*

« Son rôle est vacant, elle s'y engage. »

Ce rôle, en effet, n'avait pas été rempli, puisqu'il est créé de toutes pièces! N'est-ce pas un rôle de démolisseur peu véridique, cherchant à accaparer la clientèle de tous les maîtres si injustement dénigrés ?...

« Comme toute œuvre de fécondation, elle fuit les
» champs de guerre et s'installe pacifiquement au nom
» des pressants et légitimes besoins du temps. »
(Page 31.)

Elle vient sans doute sauver son époque d'un grand cataclysme !... Elle fuit les champs de bataille, mais elle attaque à outrance l'architecture et les architectes sur leur terrain; elle propage sur leur compte des faits qui manquent d'exactitude; elle en inonde la France et l'étranger au moyen de ses prospectus; elle a crié par-dessus les toits l'ignorance absolue du personnel de l'architecture, dont l'enseignement est complètement nul, même à l'École spéciale des beaux-arts. Elle a cherché à tout dévaster, tout anéantir autour d'elle, et lorsqu'elle a eu déblayé la place, en paroles fort heureusement, elle a appelé ces actes regrettables *une installation pacifique !* Elle a fait sa place en décriant les ateliers privés, en taxant d'impuissance radicale tous les moyens usités d'enseignement, et en cherchant à renverser les gens et leurs propriétés; elle trouve alors que la *place* est libre, elle la prend; son rôle est vacant, elle s'y est engagée; elle pourrait ajouter : Honni soit qui mal y pense!

XII

UN CONSEIL D'ART AUPRÈS DE LA DIRECTION DE LA NOUVELLE ÉCOLE CENTRALE CE CONSEIL PATRONNE L'ESPRIT DE L'ENSEIGNEMENT

« Un conseil d'art, qui connaît et qui patronne l'*esprit* » de l'enseignement, est institué auprès de la *direc-* » *tion.* »

Cette allégation, pleine de sagesse prévoyante, se trouve consignée dans le programme dit : de l'enseignement, à l'article : *Régime* SUPÉRIEUR *de l'École.* Elle a suscité dans le public artiste une certaine velléité de savoir qui n'a jamais pu être satisfaite ; l'allégation est conséquemment restée à l'état d'énigme, de mystère !

La nouvelle École centrale possède donc un *régime supérieur;* et elle a, de plus, un *conseil d'art !...* Quelle est donc cette combinaison à la fois curieuse et scrupuleuse, restée mystérieusement voilée et inexpliquée ?...

On s'est demandé de tous côtés ce que c'est, ce que peut être *un conseil d'art !...* Est-ce une personne qui a des avis, des idées, des opinions à donner sur l'art, sur les « *choses de la forme?...* » Est-ce une personne faisant partie du grand peuple de l'art, et qui aurait par devers elle une conviction « respectable et passionnée? »

Mais ce conseil d'art se contente de *savoir*, ou plutôt il n'a aucun besoin de savoir lui-même ; il lui suffit de *connaître* l'esprit de l'enseignement! Connaître l'*esprit* de l'enseignement de la direction ou du directeur fondateur, ce qui est une seule et même chose, telle est l'autorité en même temps que la fonction spéciale de ce conseil!

On s'est demandé : Ce conseil est-il une assemblée qui élabore et délibère sur les questions, les moyens, la mesure, la coordination et le perfectionnement des procédés d'enseignement, et cela dans un intérêt général?...

Si c'est une personne, pourquoi ne pas donner son nom sur les listes plantureuses du personnel, et faire connaître l'autorité qui s'y rattache? Si c'est une réunion de personnes choisies dans les arts, ou parmi les architectes les plus capables et les plus instruits, à plus forte raison faudrait-il donner les noms des membres composant ce *conseil d'art*, et ne pas le laisser à l'état de conseil latent. Ce nom, ou ces noms, ne pourraient pas nuire à « la *pompe* et à la *plénitude* » des programmes, pour nous servir des expressions pittoresques du directeur fondateur.

Si ce conseil d'art existait réellement, ce dont on ne peut s'empêcher de douter, il remplacerait le conseil des études, qui ne brille que par son absence dans l'institution nouvelle. Les fonctions du conseil d'art seraient d'autant plus importantes, d'autant plus précieuses, que le membre ou les membres du conseil seraient plus capables et plus connus. Si on ne les nomme pas, après avoir donné tant de noms propres, le public n'est-il pas en droit de mettre en doute l'existence individuelle ou collective de ce conseil ?

Au surplus, le conseil d'art est *institué* auprès de la direction ; c'est donc une *institution* spéciale de cette École, et que ne possède aucune autre école, pas même l'École centrale, ni l'École spéciale des beaux-arts, qui cependant en possédait un jadis et auquel on reviendra sans doute prochainement[1] !

Le conseil d'art est institué auprès de la direction ; or, la direction se trouvant entre les mains du directeur, c'est auprès du directeur que se trouve institué le conseil d'art.

Comme, en outre, tout ce qui est institué ne peut l'être qu'en vertu de l'organisation, et que l'organisation se trouve, de droit, faire partie des attributions et des fonctions multiples du directeur fondateur, il en résulte de toute évidence que le conseil d'art est institué auprès du directeur par le directeur lui-même.

En effet, la société commerciale, par l'acte dû à la rédaction de son fondateur, s'est donné trois administrateurs qui nomment et révoquent les professeurs et le personnel de l'établissement. Comme les trois administrateurs ont délégué, pour remplir les fonctions de directeur, et pour tout diriger, de fait et de raison, l'un des membres de l'unique conseil qu'ils constituent à eux trois, — en dehors d'un conseil de surveillance, des intérêts financiers, — ils peuvent très-bien avoir également *institué* l'un d'eux, comme conseil d'art, auprès du directeur délégué ; et rien n'empêche de supposer que ce

1. Le nouveau règlement de l'École des beaux-arts a rétabli ce conseil, d'une grande utilité pour le perfectionnement nécessaire des études.

soit la même personne qui soit instituée auprès du délégué, puisque les membres du conseil administratif ont le droit de cumuler tous les emplois. Le conseil d'art peut donc très-bien être contenu dans la personne même de l'administrateur fondateur et directeur délégué; et de fait, il est difficile qu'il en soit autrement.

Cependant le conseil d'art *connaît* l'esprit de l'enseignement, et il le *patronne !* Le fondateur, directeur délégué, *connaît* sans doute très-bien l'esprit de son enseignement, qui ne procède que de lui-même; mais il ne peut pas facilement se *patronner* lui-même encore, et dans ce cas le conseil d'art serait un *patron :* qui dit patron dit protecteur et défenseur; l'institution nouvelle serait donc protégée, défendue par un protecteur, dont le nom reste caché aux yeux des profanes; qu'il leur suffise de savoir que la nouvelle École centrale se trouve être *patronnée*.

Un patron ne peut être qu'un homme puissant : si ce n'est pas le moyen le plus certain de réussir et de faire fortune, c'est au moins un moyen bien trouvé; et les patrons d'ailleurs ne manquent pas au directeur délégué; seulement connaissent-ils suffisamment *l'esprit de l'enseignement ? — That is the question !*

APPENDICE

PARALLÈLE DE L'ÉCOLE CENTRALE D'ARCHITECTURE ET DE L'ÉCOLE CENTRALE DES ARTS ET MANUFACTURES ORGANISATION ET CONSTITUTION DE L'UNE ET DE L'AUTRE — RÉSULTATS COMPARATIFS

Desinat in piscem mulier formosa superne.
HORACE.

Comment en un plomb vil l'or pur s'est-il changé?
RACINE.

« Pour atteindre le résultat qu'elle poursuit, l'*École » centrale d'architecture* met à profit la belle et fructueuse » expérience de l'*École centrale des arts et manufactures* » qui, d'emblée, a créé en même temps l'établissement » d'instruction et la profession des ingénieurs civils. Elle » *emprunte*, à une organisation qui ne laisse rien à dési- » rer, la *forme* de l'enseignement qui lui convient. » (Page 21.)

Le rédacteur de ces lignes s'est modestement et prudemment contenté de la forme, car le *fond* n'a pas été pris, tant s'en faut, ni en réalité, ni en compensation; nous le verrons ci-après.

Au lieu donc d'apprécier, de perfectionner au besoin ce qui se pratique pour l'architecture à l'École des beaux-arts, le fondateur de la nouvelle École centrale, sans consulter aucun architecte, donne la préférence à ce qui se fait à l'École scientifique, qui l'a formé ingénieur civil; il veut ainsi faire passer l'art, si varié, si divers dans ses manifestations, à la filière unique et absolue de la science! Pour de futurs architectes qui devront avoir chacun leur originalité, parfois peu comparable, il dispose un lit de Procuste, où il faut que les tailles grandes et petites viennent s'emboîter au moyen de l'étirage des unes et de la dépression des autres!

Quelle est, à première vue, l'organisation générale de l'École centrale, comparée à l'organisation de l'École imitatrice? Considérons-les d'abord l'une et l'autre sommairement, avant d'en venir aux détails précis.

A l'École centrale, *développement intégral* des hautes sciences physiques et mathématiques, et études complètes de tous les arts et de toutes les industries qui s'y rattachent, et en reçoivent des perfectionnements continus. Pour but, à la fois spécial et multiple, *plus de vingt débouchés* d'applications différentes, parmi lesquelles se présentent en première ligne : — les chemins de fer et les télégraphes; la profession complexe d'ingénieur civil; les forges et fonderies; les filatures et tissages; les machines, navires et instruments agricoles; — puis, la chimie et les produits chimiques; la sucrerie et l'agriculture; le professorat; l'architecture; l'entreprise ou industrie des travaux publics; — puis, les mines et houillères; le gaz; la voirie urbaine et vicinale; les matériaux de construction, carrières, terres cuites, chaux: les glaces et verreries; la céramique, les porcelaines et faïences; les manufactures diverses; — puis encore, l'artillerie, le génie militaire et les ponts et chaussées, *à l'étranger*; — et, enfin, une foule de professions diverses trop longues à énumérer, et où chaque élève sortant cherche et trouve plus ou moins facilement à se caser, au moyen de son titre d'*élève de l'*École centrale.

Quelle multiplicité d'applications données pour but à des études aussi sérieuses que solidement constituées !...

L'École imitatrice, bien que s'appelant aussi *École centrale*, est loin de pouvoir préparer et développer des sujets aptes à une telle quantité de professions ! Elle n'a pas d'autre but que celui de faire en bloc *des architectes* d'un seul et unique degré ! Faire des architectes, mais sans dire au juste et clairement ce qu'elle entend par architectes; sans faire le bilan exact de la technique et de l'esthétique qui devront entrer comme éléments fondamentaux d'appréciation des sujets qui se confient aveuglément à un résultat indéterminé !...

Les moyens et le but de l'une et de l'autre École, mis en parallèles, sont donc grandement différents !

Il y a, en outre, une autre rectification, mais moins sérieuse à faire aux assertions contenues aux prospectus fondamentaux de la nouvelle École centrale : l'*ingénieur civil*, quoi qu'on y dise, existait avant la véritable École centrale qui n'a pas *créé* cette profession, mais qui en a organisé l'instruction, dès 1829, par un enseignement solide et complet ; et la profession existe et se crée encore en dehors de l'établissement.

De même, l'Ecole nouvelle n'apporte aucune amélioration à l'étude de l'architecture proprement dite, c'est-à-dire à la profession libérale, revêtue de l'idéal et du goût, sans lesquels l'architecte n'est plus qu'un ingénieur incomplet, un industriel plus ou moins intelligent.

La fondation dite : Ecole centrale d'architecture, peut donc avoir eu l'intention de *mettre à profit la belle et fructueuse expérience* de la véritable École centrale ; elle peut lui avoir emprunté, en apparence, l'*organisation* et la *forme* de l'enseignement ; mais cette mise à profit et ces emprunts sont loin d'avoir l'importance sérieuse du modèle. Nous allons voir que l'organisation ainsi que la forme de l'enseignement, ne sont, dans leur imitation, qu'un pastiche par trop imparfait d'une œuvre bien conçue, achevée et pleinement réussie !

D'un côté, un cadre vaste, richement rempli ; pour but final, un épanouissement de voies diverses, ouvertes aux deux catégories d'élus, les *diplômés* et les *capacités* ; — de l'autre, un cadre étroit, aussi mesquin que prétentieux et fort peu scrupuleux dans son imitation ; l'ombre de la technique de l'École modèle ; et pour issue unique, la carrière artistique et toute spéciale de l'architecture, encombrée d'une foule de praticiens plus ou moins *habiles* ; carrière où l'on se présentera avec ou sans diplôme de capacité préparé par l'École prétentieusement réformatrice !

Abordons maintenant les données organiques du nouvel établissement.

L'art de l'architecture repose incontestablement sur une *technique* que le fondateur du nouvel établissement, et d'autres avant lui, ont trouvée et trouvent encore trop souvent inférieure au rôle important que *quelques* architectes seulement sont appelés à remplir. C'est en partie en vue d'une technique spéciale dont il voulait doter le personnel *entier* de l'architecture, qui, suivant lui, *en était totalement dépourvu*, qu'il a eu l'idée, comme nous l'avons exposé dans les premiers chapitres de cette notice, de fonder une École centrale d'architecture, et qu'il a pris modèle sur l'une des principales Écoles modernes, sur l'École centrale des arts et manufactures, à laquelle il ne pouvait évidemment emprunter que la pédagogie scientifique et industrielle, mais nullement l'enseignement utile au développement des facultés esthétiques; il s'est donc contenté d'en emprunter le nom.

Le but principal du fondateur directeur de la nouvelle École centrale, le but qu'il a mis en avant avait donc bien pour objet la technique; mais là ne se bornait pas la réforme essentielle qu'il voulait opérer; son intention était surtout de ramener, lui-même, l'art fourvoyé, l'art architectural, dans une bonne voie, en supprimant, de gaieté de cœur, tous les maîtres inconsidérés, suivant lui, et en se dévouant, avec toutes les ressources d'une féconde imagination, aidée d'une certaine aisance de parole, et d'un notable degré de science puisée à l'École centrale même, en se dévouant, disons-nous, *lui seul*, à l'enseignement si complexe de l'art architectural.

Ainsi donc, c'est à l'*École centrale* qu'on emprunte, dit-on, la forme de l'enseignement qui convient à l'institution qu'on se donne la gloire de fonder! — Faire voir en détail et faire apprécier en quoi diffère de son modèle l'enseignement imité, à la fois comme fond et comme forme, ne saurait être dépourvu d'intérêt; suivons donc le fondateur de l'Ecole nouvelle dans les différentes étapes de son organisation d'enseignement réformateur !

Le créateur de la nouvelle institution, à l'instar de la véritable École centrale, demande aux candidats, ses futurs élèves, de justifier de leurs connaissances acquises en arithmétique, algèbre, géométrie élémentaire; il leur demande en outre les premiers éléments de la descriptive, avec la langue française, un peu de dessin à main levée, au trait, et du lavis.

Mais il n'exige pas, comme l'École centrale, une partie notable de la physique et de la chimie, ni l'histoire naturelle, ce que savent aujourd'hui beaucoup de jeunes gens, avant de commencer leurs études sérieuses de l'architecture dans les circonstances habituelles.

On est donc reçu à l'Ecole imitatrice avec bien moins de connaissances préalablement acquises, qu'à l'Ecole centrale, dont le programme d'admission diffère peu, d'ailleurs, de celui de l'École polytechnique : tel est donc le degré notablement inférieur de science et d'art exigé par la nouvelle Ecole pour l'admission de ses élèves.

Voyons maintenant ce que la somme de science acquise devient pendant les trois années d'enseignement privé, et comparons-la à celle que l'on acquiert à l'Ecole centrale pendant le même laps de temps.

L'Ecole centrale n'enseigne pas d'une façon spéciale l'esthétique de l'art architectural ; elle ne peut donc servir de modèle que pour la technique, ainsi que pour sa belle et *fructueuse* expérience. Quant à l'esthétique de l'art, la nouvelle institution, sur ce point, ne suit pas de modèle; elle ne se compare à quoi que ce soit; elle n'emprunte rien à aucune école, à aucun atelier ; elle tire tout d'une source unique, le propre fond de son directeur fondateur ; mais alors que deviendrait son École sans lui ?... Les commanditaires et les patrons y ont-ils pensé ?... N'est-ce pas là, pour eux, une question sérieuse qui mérite d'attirer toute leur attention ?...

La première chaire du programme de la nouvelle École centrale est intitulée *Stéréotomie.* C'est ainsi que l'une des *applications* de la géométrie descriptive donne son nom pour titre à l'une des branches de l'enseignement nouveau, imité, en la *forme*, est-il dit. De tout temps et en tous lieux, depuis qu'on l'enseigne, la géométrie descriptive a compris, comme applications subséquentes, la stéréotomie et la perspective : ici c'est la stéréotomie, c'est-à-dire l'application de la géométrie descriptive à la coupe des pierres et de la charpente, qui donne son nom à cette partie de l'enseignement : mais ce n'est là qu'un détail bizarre et de très-minime importance.

Il est vrai que la géométrie descriptive existait de fait, avant que Gaspard MONGE eût réuni en un corps de doctrine scientifique tous les faits et procédés usités, de temps immémorial, dans l'art des constructions. On faisait des plans, coupes et élévations ; on coupait la pierre et le bois, bien avant la géométrie descriptive et ses épures théoriques : c'est sans doute là ce qui a déterminé le directeur de la nouvelle École à adopter pour titre, dans ses programmes, le mot de stéréotomie, de préférence à celui qui est si généralement usité, de géométrie descriptive ; il aura voulu se montrer pratique dans la théorie !

La nouvelle École accorde pour ce cours cinquante leçons, en dehors de l'application dite perspective dont elle fait un cours séparé, comme si elle devait faire des artistes *peintres* plutôt que des artistes architectes On concevrait un cours séparé de *stéréotomie* proprement dite, avec des *coupes en nature*, cours d'une utilité plus réelle pour des architectes constructeurs, qu'un cours de *perspective*, qui n'est que d'une utilité relative.

L'organisateur de l'École supprime la gnomonique, bonne tout au plus du temps de Vitruve où les cadrans solaires avaient leur raison d'être, et une bien plus grande importance qu'aujourd'hui ; mais est-ce une raison pour ne plus savoir indiquer les heures solaires par des moyens graphiques? Si un architecte avait à tracer aujourd'hui le gnomon de l'Hôtel-de-Ville ou du palais du Luxembourg, faudrait-il qu'il avouât ne savoir pas comment s'y prendre?

A l'École centrale, le cours de géométrie descriptive et de ses deux principales applications est fait de la manière la plus complète et la mieux coordonnée en soixante leçons, tout compris. Comme c'est un cours pivotal pour des architectes, c'était à adopter et à suivre sans modifications.

Le nombre des épures est laissé à l'arbitraire du professeur dans la nouvelle institution ; à l'École centrale il est officiellement et judicieusement déterminé à trente-deux épures ainsi réparties : neuf épures théoriques et vingt-trois épures d'applications, dont trois à la perspective, six aux ombres, dix à la coupe des pierres, une à la gnomonique et trois à la charpente. Trois épures de perspective et trois de charpente sont en effet suffisantes pour des élèves architectes comme pour des élèves ingénieurs, aujourd'hui surtout qu'on ne fait plus guère de charpente en bois, grâce aux progrès incessants de la métallurgie du fer.

Le créateur de la nouvelle École a supprimé de ses programmes d'admission et d'enseignement la trigonométrie, la topographie et tout ce qui est relatif aux nivellements et au levé des plans : lacune considérable de sciences dont les architectes ne se passent pas partout ailleurs que dans ces nouveaux moyens d'éducation. Les élèves devenus architectes de cette École devront s'adresser aux arpenteurs géomètres lorsqu'ils auront à relever les terrains sur lesquels ils devront exécuter des constructions, en tenant compte des formes périmétriques et des nivellements. Mais on peut heureusement apprendre tout cela en dehors d'un diplôme de convention offert comme simple but à atteindre.

La nouvelle École supprime soixante leçons d'analyse et de mécanique générales; vingt leçons de cinématique [1]; elle les remplace par trente leçons d'un cours intitulé : machinerie des constructions : cours laissé un peu à l'arbitraire du professeur ; et de plus par un mélange incomplet de questions diverses traitées dans un cours dit de stabilité des constructions, en vingt-cinq leçons.

Les élèves de cette École n'ont donc aucun besoin de connaître ni la dynamique, ni l'hydrostatique, que Vitruve cependant comprenait, de son temps, dans les connaissances utiles aux architectes, et qui ne sont pas moins utiles, de nos jours, dans une certaine mesure.

1. Première partie de la mécanique élémentaire. La *cinématique* étudie les mouvements en eux-mêmes, tels qu'on les observe dans les corps environnants, et spécialement dans les machines.

La nouvelle École centrale supprime encore cent vingt leçons de mécanique appliquée; on les remplace par des leçons de *théorie* d'architecture émanant du directeur fondateur de l'institution nouvelle.

A des élèves qui ne connaissent absolument rien en physique, ni rien en chimie, l'organisateur accorde la très-modeste mesure de vingt-cinq leçons de physique, et vingt-cinq leçons de chimie générale; accompagnées de deux autres cours, l'un de vingt leçons de physique appliquée à l'*architecture* (sic), l'autre de vingt-cinq leçons de chimie appliquée aux constructions : la physique s'applique à l'architecture en plus petite dose que la chimie aux constructions !

A l'École centrale, bien que les élèves aient déjà fait, avant leur admission, les premiers pas dans le domaine de la physique et de la chimie, on trouve soixante leçons de physique générale et quarante leçons de physique appliquée, en tout *cent* leçons de physique; puis soixante leçons de chimie générale, quarante de chimie analytique et trente de chimie appliquée, en tout cent trente leçons de chimie. Pour ces deux branches si éminemment utiles des sciences, deux cent trente leçons et toutes les manipulations et répétitions qu'elles comportent !

A l'institution nouvelle, qui ne demande *rien* à l'admission en fait de sciences naturelles, tout cela est remplacé par quatre-vingt-quinze leçons sur les mêmes sciences; en sorte que l'élève de cette nouvelle École vaut en physique et en chimie, si l'on peut établir cette comparaison, les deux cinquièmes environ de l'élève de l'École centrale. La physique et la chimie sont pourtant deux sciences très-utiles, pour ne pas dire les plus utiles à l'architecte.

Il fallait, il y a deux mille ans, connaître toute la physique du temps de Vitruve; aujourd'hui il faut connaître la physique des temps modernes, et la plupart des choses qui s'y rattachent, au point de vue architectural; la physique expérimentale est la pierre angulaire de la bonne architecture; mais tel n'est pas l'avis, sans doute, du fondateur de la nouvelle institution, qui donne la préférence à la *théorie* du *cadre* de son invention, et où doit se *mouvoir* la *passion convaincue* de l'artiste!...

A la dose de l'École centrale de trente leçons pour la géologie et la minéralogie, l'École nouvelle substitue celle de douze leçons pour la géologie seulement, ce qui peut être suffisant pour de futurs architectes qui se tiendront ultérieurement au courant, si bon leur semble, de cette science qui vient de naître, et à mesure des progrès qu'elle aura accomplis.

L'hygiène et l'histoire naturelle à l'École imitatrice, font l'objet de deux cours, comprenant ensemble dix-huit leçons dont huit d'hygiène et dix d'histoire naturelle. A l'École centrale on connaît l'histoire naturelle avant l'entrée, et l'on y reçoit en outre vingt leçons sur les mêmes objets. Les élèves de l'École centrale, sur ce chapitre, sont encore infiniment mieux pourvus que ceux de la seconde École centrale.

Les constructions, à l'École centrale, sont l'objet de plusieurs cours : soixante leçons de constructions civiles, (en dehors d'un très-grand nombre de leçons théoriques et graphiques d'architecture et de lavis) ; soixante leçons de travaux publics; quarante leçons de chemins de fer; vingt leçons sur la résistance des matériaux ; en tout cent quatre-vingts leçons relatives aux constructions, et remplacées à l'École nouvelle par trente-cinq leçons! Comme constructeurs, les élèves de la seconde École ne pourront donc offrir que le *cinquième* de l'acquis que possèdent les élèves de l'École centrale.

A l'Ecole centrale, la législation industrielle et des bâtiments s'y expose en vingt-cinq leçons; à l'autre Ecole centrale, dix leçons seulement ont paru suffisantes pour tout ce qui concerne les constructions; c'est peu, lorsque l'on pense à tout ce que doit savoir l'architecte sur ce chapitre d'une si grande importance!

L'Ecole centrale, il faut le reconnaître, se trouve dépourvue d'un cours spécial de théorie d'architecture en trente leçons; *aidé* d'un cours d'*histoire* comparée de l'architecture, également en trente leçons; d'un cours *d'histoire* encore, mais d'histoire *des civilisations*, au point de vue architectural sans doute, en douze leçons; et enfin d'un cours d'*économie politique*, toujours en douze leçons; le tout formant un total de quatre-vingt-quatre leçons sur des matières qu'on ne peut traiter que comme des articles de gazettes spéciales ou de revues périodiques. Cette combinaison de cours en paroles, relatifs aux différents âges du monde et à travers les brouillards de la théorie, a été imaginée et créée par le fondateur de l'institution, afin de mettre, selon lui, les jeunes gens à même de faire un jour de la véritable architecture qui puisse *réagir sur une époque si dépourvue de moyens d'expression!*

Voilà donc quatre-vingt-quatre leçons de théorie, d'archéologie et d'économie plus ou moins politique pour faire la base fondamentale de l'enseignement de l'art architectural; quant à l'enseignement de la technique de l'architecture sur laquelle l'art doit s'appuyer, il se trouve dispensé, dans la seconde École centrale, en deux cent quatre-vingt-quinze leçons; tout le reste n'est que conférences et exercices divers dans les salles; le tout en proportion obligée avec le nombre effectif des leçons.

C'est donc, à l'École imitatrice, un ensemble de trois cent soixante-dix-neuf leçons qui constituent l'*emprunt* et la *forme* de l'enseignement donné à l'École centrale, enseignement qui consiste là en onze cent cinquante leçons principales, accompagnées d'un nombre bien supérieur de leçons accessoires, de répétitions et d'applications rationnelles!

Si l'on compare la science pouvant être acquise, d'après le nombre des leçons, dans l'une et dans l'autre École, on trouve que la part faite à ses élèves par la nouvelle École n'est que d'un *sixième* de celle des élèves de l'École centrale. La science des ingénieurs civils est donc six fois plus forte que celle des élèves de l'institution réformatrice. Et si l'on compare ces acquis comme prix de revient, d'après ce que la direction a pris le soin de dire, dans ses prospectus, on trouve que les élèves de l'École centrale ayant reçu près de douze cents leçons principales pour 2,400 francs, et ceux de l'École nouvelle trois cent quatre-vingts leçons seulement pour 2,550 francs, cela porte le prix moyen des unes à 2 fr., et le prix moyen des autres à 6 fr. 70. La technique et l'art architectural de la nouvelle institution coûtent donc près de *quatre fois* plus cher que la véritable science assimilée à l'art complexe des ingénieurs de l'École centrale.

Tel est l'exposé comparatif du programme et des études des deux Écoles concurrentes : on voit que la seconde n'a *emprunté*, comme on le dit, que la *forme* de l'enseignement, et nullement le fond même de son modèle[1].

Voici maintenant quelques autres différences concernant l'admission et le régime intérieur de la nouvelle École.

L'École nouvelle, bien que l'enseignement scientifique y soit très-inférieur à celui de l'École centrale, coûte 150 francs de plus, et les dépenses qu'entraînent les examens d'admission sont à la charge des aspirants non reçus. A l'École centrale, qui coûte moins cher, quoique l'enseignement y soit incomparablement plus sérieux, les examens sont toujours entièrement gratuits.

A l'École nouvelle, l'*examinateur* pour l'admission est à la fois président du conseil d'administration et d'organisation de l'École, et professeur de géométrie descriptive dite *stéréotomie*; lui sont adjoints, comme examinateurs : 1° le professeur spécial de dessin à main levée, et 2° l'architecte, qui est à la fois *préparateur* privé aux examens d'entrée, avant d'être examinateur; chef adjoint d'atelier, bibliothécaire et conservateur du portefeuille et des collections, et enfin architecte des travauxde l'établissement, adjoint à l'architecte en chef, le fondateur de l'institution.

A l'École centrale comme à l'École polytechnique, les fonctions d'examinateurs à l'entrée ne sont généralement pas *cumulées* par des professeurs, administrateurs, préparateurs ou fonctionnaires de ces établissements. Cette différence qui caractérise l'École nouvelle ne peut paraître qu'étrange et singulière.

1. « Il y a toujours eu dans le monde des myopes et des presbytes. En voici qui nous crient que nous nous plaçons trop loin du but, et d'autres que nous sommes trop près. N'est-ce pas vraiment le cas de se croire bien en place? » (Em. Trelat, 10 novembre 1865.)

On doit, à l'École nouvelle, casser et briser un peu plus qu'à l'École centrale, car on y demande, dans les prospectus, 40 francs de provision réparatrice, au lieu de 35 francs. Il est vrai que les élèves de la nouvelle institution sont entièrement libres dans l'intérieur de l'établissement; il n'y a là ni surveillants ni inspecteurs d'aucun genre, dont le service est fait à l'École centrale par six agents spéciaux. C'est une économie toute trouvée au bénéfice de l'entreprise, que d'avoir pu s'adresser à des élèves dont on a fait de suite des hommes raisonnables. On n'entre à l'École centrale qu'à l'âge de près de dix-huit ans; mais on peut être admis avant l'âge de seize ans à l'École nouvelle, se comporter en homme pendant trois ans, et obtenir un diplôme d'architecte, c'est-à-dire le diplôme d'*une École centrale*, à l'âge de dix-neuf ans !

A l'École centrale, où la masse des travaux est incomparablement plus considérable qu'à l'École nouvelle, on donne aux élèves trois heures de sortie *facultative* le jeudi, comme on donne une partie du mercredi aux élèves de l'École polytechnique. L'étude de l'architecture, dans la nouvelle institution, ne comporte pas une pareille mesure qui détruirait toute l'économie de la méthode et des dispositions arrêtées par le directeur fondateur.

Ce qu'on appelle les salles de travail à l'École centrale, salles comprenant de vingt à vingt-cinq élèves, se nomme *ateliers* à l'École nouvelle, pour cette raison que l'un des trois arts du dessin, l'architecture, comme la peinture et la sculpture, ne peut s'apprendre, comme pratique du dessin architectural et de la composition géographique, qu'à l'atelier : aussi le directeur fondateur et administrateur de la nouvelle École centrale en a-t-il précieusement conservé le nom, parce qu'en général on n'a pas grande confiance dans le talent des architectes qui n'ont pas fréquenté les véritables ateliers dans leur jeunesse.

Les professeurs en *chaires* de l'École nouvelle ne sont pas admis dans les ateliers; aucun d'eux ne doit s'inquiéter de ce qui s'y passe, excepté cependant le directeur professeur ; on ne trouve dans les ateliers que deux chefs titulaires et deux chefs adjoints, tous les quatre constituant une sorte de préparateurs ou répétiteurs, soumis, les uns et les autres, en tout et pour tout, à l'administrateur directeur de l'École, qui a placé de lui-même, dans ses attributs spéciaux, l'ordre et la marche des études graphiques des ateliers, dont il s'est réservé l'unique et haute direction avec la chaire de *théorie du cadre où doit se mouvoir la passion convaincue...*, etc.

Voilà ce qu'est devenue la *forme* de l'enseignement de l'École centrale dans les mains du fondateur de l'établissement nouveau ; quant à l'organisation même de cette École, voici en quoi elle diffère du modèle qu'elle prétend avoir imité.

A l'École centrale, un directeur et un sous-directeur. gouvernant l'École sous l'autorité d'un ministre et au nom de l'État. Toutes les positions y sont nettement désintéressées, exemptes de toutes idées spéculatives autres que le but d'utilité publique et de bien général à atteindre.

A l'autre École, un directeur, sans aucun sous-directeur quelconque ; un directeur *unique* se constituant, en tout et pour tout, seul régent autocrate, par les combinaisons intelligemment groupées et que voici :

Un acte de société, rédigé par le créateur fondateur.

passé par-devant notaire et son collègue, et dûment enregistré, fonde une École dite : ÉCOLE CENTRALE D'ARCHITECTURE, avec le capital de 400,000 francs, collecté par les soins et la perspicace activité du fondateur lui-même, qui se réserve, de ce fait, pour lui et ses ayant droit, 15 % dans les bénéfices de l'entreprise pendant un demi-siècle; c'est là une spéculation comme une autre et qui n'a rien que de très-légal; cette réserve a été trouvée très-modeste par les actionnaires commanditaires.

La Société, sous la surveillance légale d'un ou de plusieurs actionnaires, ou non actionnaires, est administrée, dans ses biens et possessions, par un conseil de *trois* personnes, dont le fondateur fait partie avec deux autres personnes agréées des actionnaires, et dont nous trouvons les noms et qualités aux prospectus de l'Ecole : 1° M. Dupont (de l'Eure), ex-officier du génie, homme d'un mérite sérieux, placé en tête du personnel de l'École, en qualité de président du *conseil*; il apporte à l'institution un nom de famille très-honorablement connu dans nos débats parlementaires; et 2° M. Emile Muller, industriel habile et distingué, ancien élève de l'École centrale, professeur actuel et membre du conseil des études de ladite École; il apporte à la société, en sa qualité de troisième membre du conseil, sa haute expérience des affaires commerciales, et en sa qualité de membre enseignant, toute sa science acquise et ses éminentes qualités de professeur.

Les trois administrateurs peuvent, aux termes de l'acte de société, cumuler tous les emplois et tous les émoluments y attachés. Le *conseil*, dont fait partie le fondateur, le conseil désigne le fondateur lui-même, comme *directeur* de l'Ecole; et toujours en vertu de l'acte de société, ledit conseil est chargé de l'organisation de l'Ecole.

Le conseil des trois administrateurs organise, dirige; il nomme et révoque les professeurs; fixe les traitements; et de par le droit réservé de cumul, il se donne, on le voit par les prospectus, trois chaires de l'établissement, une pour chacun des membres, indépendamment d'autres fonctions rétribuées.

L'administrateur directeur, en sa qualité de fondateur bénéficiaire, s'est réservé l'une des chaires fondamentales à ses yeux; les deux autres administrateurs ont pris celles à leurs convenances et plus ou moins rétribuées. Chacun des membres du conseil d'administration étant souscripteur d'un quarantième du fonds social, dès la première année d'exercice, ils ont pu rentrer dans leurs fonds au moyen du payement des services sérieux et multiples rendus par chacun d'eux à l'établissement.

Telle est, dans toute la simplicité de son ingénieuse organisation, la *triade* composant l'état-major unique et complet de l'École centrale d'architecture.

Voyons comment s'est fondée la véritable *École centrale*, et si la création de la nouvelle École peut lui être comparée sur ce point.

Un riche bailleur de fonds s'est de lui-même constitué, au moyen de son capital, le véritable fondateur de l'établissement qu'il a administré et dirigé avec intelligence. Le capital était, certes, l'un des pivots essentiels de la fondation; mais un autre pivot non moins nécessaire, c'était l'organisation intelligente de l'enseignement. Le fondateur de l'École centrale a immédiatement créé la puissance future de l'École, en instituant le CONSEIL DES ÉTUDES, composé de membres éminents dans les sciences et dans leurs applications. Le directeur de l'École a fait partie de ce conseil souverain, et quoique n'étant pas lui-même homme de science spéciale, mais simplement homme pratique, son jugement, son tact et son esprit de conciliation ont considérablement contribué à établir cette organisation essentiellement collective, si pleine de sagesse et d'harmonie, qui a prospéré, en s'améliorant toujours, au moyen de son expérience propre et des avis si utiles d'un conseil permanent de perfectionnement.

Après un tiers de siècle des plus brillants succès, l'établissement de M. LAVALLÉE a été cédé gratuitement à l'État pour perpétuer ainsi l'existence d'une École qui est devenue l'un des premiers établissements nationaux.

Sous le gouvernement de la direction actuelle, comme à l'origine de la fondation de l'École centrale, se trouve encore le pouvoir de l'*Enseignement*, c'est-à-dire le pouvoir souverain de la spécialité collective des sciences nécessaires *à l'ingénieur*. Ce conseil supérieur de l'École, ou conseil des études, est actuellement composé de treize membres dont trois ingénieurs civils, anciens élèves de l'École centrale; quatre membres de l'Institut; deux ingénieurs en chef des ponts et chaussées; un ingénieur en chef des mines; deux ingénieurs libres dont l'un est ancien élève de l'École polytechnique, et enfin le fondateur originaire de l'Ecole.

Dix de ce nombre sont professeurs titulaires des principales chaires de l'Ecole, et font partie du corps enseignant, composé en tout de vingt-huit professeurs en titre, neuf chefs de travaux dont plusieurs sont également professeurs. A ce personnel de trente-sept professeurs sont adjoints vingt-six répétiteurs et préparateurs, sans compter les agents administratifs et de surveillance.

Parallèlement au conseil des études, et s'adjoignant au besoin à ce conseil souverain, pivot essentiel et fondamental de l'École centrale, sur lequel repose toute l'organisation, l'économie et la puissance virtuelle de l'enseignement, se trouve le conseil de perfectionnement, composé de quatorze membres, et enfin le conseil général de l'École, composé de deux conseils réunis, et dont font accessoirement partie le directeur et le sous-directeur.

Le conseil des études agit seul dans la direction effective des études ; réuni au conseil de perfectionnement, il améliore continûment les moyens nécessaires pour atteindre le but multiple de l'enseignement, et le tenir toujours à la hauteur du progrès indéfini des sciences.

Le conseil des études arrête, dirige, apprécie et juge souverainement le résultat des études : c'est de lui et des chefs de spécialités, de cet ensemble collectif, qu'émanent tous les programmes de tous les concours ; c'est lui qui pèse et qui indique les mérites acquis, les mérites ayant droit, soit à l'avancement, soit au diplôme, soit au certificat de capacité. Il s'adjoint, dans ses fonctions de juge collectif, d'autres personnes actuellement en dehors de l'enseignement de l'École, mais qui lui sont rattachées néanmoins, soit par leurs services passés, soit par leur qualité d'anciens élèves diplômés et expérimentés. Tenant en main les programmes annuels, sagement et minutieusement détaillés, élaborés par ses prédécesseurs et successivement améliorés, il les transmet ainsi à ses successeurs, sans interruption de la participation nécessaire de capacités diverses, toujours hautement reconnues.

Au lieu de cette organisation collective, scientifique, oligarchique et autonomique, d'une compétence aussi absolue que perfectible... — qu'a imaginé et institué le fondateur créateur de la nouvelle École centrale?... Il a purement et peu modestement posé sa personnalité seule, son omniscience, et son omnipotence [1] !

Fondateur bénéficiaire, administrateur principal, directeur unique, professeur important, moniteur autogène des chefs et sous-chefs d'atelier, architecte en chef des travaux de l'établissement, — le créateur de la nouvelle institution constitue son École à lui seul : il en a rédigé l'acte de société et les programmes; il les interprète et les modifie à sa convenance, sans se donner l'embarras et l'ennui d'aucun contact, d'aucun contrôle d'idées, d'aucune autorité quelconque qui puisse compromettre, entraver ou modifier celle qu'il s'est réservée; — seul, *son* conseil d'art connaît et patronne l'esprit de *son* enseignement! et nous avons vu ce que peut être ce conseil d'art!

L'autocratie a des avantages incontestables dans certaines circonstances; un dictateur souverain peut sauver

1. L'Académie des beaux-arts avait des « maîtres-juges » qui avaient « leurs tendances, leurs idées, leurs doctrines. » (Beaux-Arts, p. 28.) A cela l'École nouvelle a substitué chez elle un seul MAITRE-JUGE, avec *sa* tendance, *son* idée, *sa* doctrine.

L'École des beaux-arts (p. 61), par le décret du 13 novembre 1863, « a dû passer du despotisme oligarchique d'une académie au despotisme bureaucratique d'une administration. » La nouvelle École n'a ni l'un ni l'autre à craindre : ni académie, ni bureaux; elle a l'infaillible *despotisme d'un seul!...*

une position; mais était-ce le cas? Fallait-il une pareille mesure pour sauver « l'art architectural qui fléchit dans sa mission? »

Donc, à la nouvelle École centrale, pas de conseil d'études, pas de conseil de perfectionnement, pas de conseil d'ordre, etc., c'est le directeur fondateur qui est tout cela, et qui peut au besoin licencier son École quand bon lui semble, et faire ensuite approuver sa décision par ses deux coadministrateurs[1] !

Au lieu de trente-sept professeurs distincts, convenablement rétribués, donnant ensemble onze cent cinquante leçons principales; dix-huit professeurs seulement, payés économiquement, *à la leçon*, pour ne pas dire au *cachet*, dont quatre cumulant, et ne donnant ensemble que trois cent soixante-dix-neuf leçons. Au lieu de vingt-six répétiteurs et préparateurs largement occupés et rétribués, seize seulement dont plusieurs cumulant, peu occupés, peu payés! Et voilà ce que le directeur fondateur de la nouvelle École centrale appelle, dans ses élans oratoires :

« DES CHAIRES VARIÉES SE CLASSANT AVEC LA POMPE DU » NOMBRE ET DE LA PLÉNITUDE! »

(Discours officiel du 10 novembre 1865, page 43.)

Comparons actuellement, et pour en terminer, l'obtention du diplôme à l'une et à l'autre École.

A l'École centrale, quatre concours différents répondant à quatre spécialités principales, et laissés au choix respectif des élèves suivant leurs aptitudes; quatre pro-

1. Ce fut une tempête dans un verre d'eau, suivant la spirituelle expression de l'un des professeurs de cette École.

grammes rédigés collectivement par les professeurs de spécialités et le conseil des études, mais ignorés des élèves jusqu'au moment de leur choix, jusqu'au jour même du concours; quatre jurys de concours formés chacun de quatre professeurs dont deux, au moins, membres du conseil des études.

Un seul classement définitif, général, des opérations distinctes de ces quatre jurys, par le conseil des études, réuni au conseil de perfectionnement; de là une garantie absolue et aussi infaillible pour l'exactitude que pour l'impartialité la plus rigoureuse.

A la nouvelle École centrale, en l'absence de tout conseil des études, le programme du concours est rédigé ainsi qu'il est dit aux prospectus à l'article intitulé : *Régime* réglementaire de l'enseignement :

1° Par les chefs d'ateliers qui ne sont que les aides inférieurs et subordonnés du directeur fondateur, attendu que pendant tout le cours de l'enseignement, ils n'enseignent que ce qui est approuvé par le directeur, et que jamais ils ne rédigent aucun programme, lesquels n'émanent toujours que de la direction, et conséquemment du directeur chef unique et supérieur ;

2° Par le professeur de théorie d'architecture qui n'est autre que le directeur fondateur lui-même ;

3° Par le professeur d'*histoire* comparée de l'architecture, littérateur érudit, mais qui ne pouvant être ni architecte, ni ingénieur, ni dessinateur, ni constructeur, doit s'en rapporter sur bien des choses au directeur fondateur ;

4° Enfin par le directeur de l'École, le fondateur lui-même encore, qui *préside* la commission de rédaction, composée comme il vient d'être dit : le directeur fondateur paraissant ainsi aux divers titres de maître réel des chefs d'ateliers, de professeur, de directeur et de président !...

On peut donc dire, sans crainte de se tromper, que le programme du concours émane du directeur : voilà pour le programme.

Quel est le jury qui appréciera le concours ?

Cinq membres désignés par le directeur, parmi les professeurs de l'École. professeurs agréés et nommés par le directeur. Il pourra donc n'y avoir aucun architecte véritable parmi les membres de ce jury composé par le directeur.

Cependant des architectes de *positions notables* (avec tous les antécédents connus, peut-on admettre que l'on trouvera des architectes de *positions notables ?...*) *pourront* faire partie du jury, mais autant, bien entendu, que le directeur administrateur le jugera convenable et opportun.

Les jurés *pourront critiquer* l'œuvre des candidats, — on leur réserve cette faculté, à la condition sans doute de n'en pas abuser. — Ils classeront les candidats; mais ce classement des jurés pouvant être sujet à l'erreur, ne sera que provisoire, et finalement soumis à l'appréciation du *conseil de l'École*, c'est-à-dire des trois administrateurs, seuls juges souverains et d'une compétence indiscutable.

Et le *conseil trinitaire*, après avoir vu, entendu et jugé..., *statue et décerne le diplôme !!...* :

A ceux des élèves qui lui PARAISSENT posséder complétement les *ressources* et l'*esprit* de l'enseignement !!...

Et ceux qui *n'auront pas paru* posséder complétement les ressources et l'esprit de l'enseignement... en seront probablement pour leurs frais !... — Beaucoup d'appelés, peu de maintenus et peut-être beaucoup moins d'élus !...

Bien que beaucoup de monde en puisse douter, on ne peut pas dire que MM. Dupont, Muller et Trélat ne soient pas d'excellents juges en fait d'art architectural, — encore bien qu'ils n'en aient pas fait l'objet principal de leurs études spéculatives, — mais il est difficile, en comparant leur jugement définitif à ceux de l'École centrale et de l'École des beaux-arts, de ne pas le trouver d'une bien moins grande valeur !

Comme on le voit, le fondateur, administrateur et directeur de la nouvelle École centrale, s'est donné beaucoup de peine, jusqu'au bout, pour mettre sa responsabilité à couvert sous un semblant d'organisation oligarchique, et finalement il cherche à cacher, sous l'apparence d'un jury, la seule et infaillible compétence qu'il s'est réservée pour décréter de véritables architectes !

Le fondateur de cet établissement est sans doute très-capable, mais cela suffit-il pour constituer à lui seul une organisation qui pouvait et devait être à la fois utile et perfectible ? Quels que soient la sience et le talent qu'on possède, peut-on réellement, et avec des avantages sérieux, substituer une simple individualité, très-remarquable sans doute, à un *conseil des études*, composé de véritables architectes, aidé lui-même d'un conseil de perfectionnement ? M. Trélat a-t-il pu fonder un établissement aussi sérieux et aussi utile qu'on était en droit de le désirer, en ne s'appuyant que sur des *apparences* soutenues de *réclames* dont l'enseignement architectural s'était passé jusqu'à ce jour !... — C'est ce que l'expérience viendra sans doute démontrer avec le temps ! — L'expérience est un excellent maître qui nous apprend quelque chose tous les jours, et, sous ce rapport, la nouvelle École centrale n'aura pas été une fondation dépourvue d'intérêt et d'enseignements utiles au perfectionnement de l'éducation des architectes. On devra, en définitive, des remercîments à son auteur pour toutes les améliorations auxquelles il aura quelque peu aidé sans le vouloir et sans avoir su les atteindre lui-même.

TABLE DES MATIÈRES

Imprimerie L. Toinon et Cie, à Saint-Germain.

www.ingramcontent.com/pod-product-compliance
Ingram Content Group UK Ltd.
Pitfield, Milton Keynes, MK11 3LW, UK
UKHW020915180726
13838UKWH00002B/565

9 782329 478388